Mittelfränkisch für

„Neigschmeggde",

Fremddialektler,

und andere

Erläuterungsbedürftige

Eine reichlich unwissenschaftliche
Zusammenfassung rund um die
mittelfränkische Mundart.

Auflage III:

Die Grundidee dieses Buches entstand ursprünglich, als mittels eines Internetblogs einem Wahlnürnberger die Feinheiten des fränkischen Dialektes nahegebracht werden sollten.

Man schrieb und schrieb und hörte erst auf, als die Fassung, wie sie in Auflage I vorlag, Bestand hatte.

Doch damit nicht genug!

Nach dem Erscheinen des Buches im Januar 2010 ist Einiges geschehen.

Viele Leserinnen und Leser haben sich gemeldet und Ergänzungen vorgeschlagen.

Im Zuge dessen tauchten weitere Formulierungen, Vokabeln und Begriffe auf, die hier eigentlich nicht fehlen sollten.

Mein herzlicher Dank gilt allen an diesem Prozess Beteiligten, den eifrigen Feedback-Gebern, Vokabel-Einreichern und Lesungsveranstaltern.

Mit der dritten Auflage schließe ich diese Sammlung nun endgültig ab. Ein weiteres Mal schien es angebracht Bestehendes zu erweitern, Gesammeltes einzufügen und das Cover neu zu gestalten.

Nochmals viel Vergnügen.

Ted Hertle (August 2014)

Herstellung und Verlag:
BoD - Books on Demand, Norderstedt
ISBN 978-3-8391-3987-5

Für G. und N. stellvertretend für Menschen, die es ehrlich meinen.

Inhaltsverzeichnis:

Die fränkische Sprache

Mentalität

Vokabular

Vorwort

Es gibt wohl einige Menschen, die durch Migrationshintergrund oder geburtlich-geografischer Gründe wegen des Fränkischen nicht mächtig sind. Eine Tatsache, die man nicht gutheißen, der man aber Rechnung tragen muss. Daher wurde auf den folgenden Seiten der Versuch unternommen, diesen sympathischsten aller Dialekte hochdeutsch sozialisierten Mitmenschen näher zu bringen.

Dies geschieht streng unwissenschaftlich, subjektiv und hauptsächlich unter Zuhilfenahme der Methode, sich in Dialektunkundige hineinzuversetzen, um aus deren Perspektive Frankophones zu beurteilen. Auch die Methode "dem-Volk-aufs-Maul-schauen" kommt hier zur Anwendung.

Welche Vokabeln, Redewendungen und auch Eigenheiten des Fränkischen könnten für eben solche, dialektischer Eindimensionalität unterworfenen Menschen von Relevanz sein?

Die vorliegende Sammlung aus Fakten, Anekdoten und (selbstverständlich kommentiertem) Vokabular entwickelte sich schließlich zu einer Art kleinem Reisebegleiter - böse Zungen und Altbayern würden es als Expeditionslektüre bezeichnen - für Frankenreisende.

Wie das allwissend - schlaue Büchlein von *„Dick, Drigg und Dragg"* – (fränkisch für die drei Neffen von Donald Duck) kann die vorliegende

Veröffentlichung durch die verschiedensten (Not-)-Situationen in Franken geleiten.

Es wird empfohlen, die Passagen und Vokabeln, die Sie aufgrund der geschriebenen Version nicht sofort ins Schriftdeutsche entschlüsseln können, laut zu lesen.

Mit einiger Sicherheit kann man versprechen, dass das auf jeder Wohnzimmerparty für Lacher sorgen wird, nicht unbedingt jedoch für das Verstehen des Gelesenen, wie ein im Ruhrpott gebürtiger *„Neigschmeggder"* ("Zugereister") nach einem entsprechenden Selbstversuch mitteilte.

In Franken wird Ihnen dieses Buch jedoch helfen, mit Eingeborenen in Kontakt zu treten.

Ein nettes *„Servusla"* oder auch ein Unverständnis demonstrierendes *„Hä?"* brechen schnell das Eis und aktivieren das "Hilfsbereit-Gen" im Franken. Ferner wird, neben einigem anderen, Ihr Speiseplan in Franken transparent, wenn Sie sich in der Gastronomie verständigen können. Es besteht die Möglichkeit ihn, korrekt formuliert, auf Ihre individuellen Ernährungsbedürfnisse abzustimmen – sofern Sie deftig Fleischernes mögen.

Erlernte Kommunikation mit Eingeborenen mag hier einem eventuell erhöhten Verbrauch von Kohletabletten im fränkischen Ausland vorbeugen, nicht jedoch einem Kater. Der Franke besiegelt neue Freundschaften gerne mit dem einen oder anderen oder noch einem anderen Seidel Bier.

Des Weiteren wird sich Ihnen, ein wenig Übungsfleiß vorausgesetzt, eine Kultur eröffnen, die bisher gepflegte Klischees über den Haufen wirft.

Südlich von Frankfurt gibt es nicht nur Provinzler in Lederhosen, die alle Laptops besitzen und Laute aus der Keilschrift der Dialekte, dem Bayerischen (*„Mia san mia"* oder *„Zefix")* von sich geben und mit der Ambivalenz leben müssen weiß (Würste) zu essen und schwarz (CSU) zu wählen. Es gibt im nicht ganz so tiefen Süden der Republik auch einen Menschenschlag, der sich deutlich und konsequent von den bajuwarischen Folkloristikern unterscheidet und das höchst gerne, mit Herz, Leib und Seele. Geografisch finden Sie diesen Landstrich im heutigen Nordbayern.

Das ursprüngliche Franken umfasst jedoch ein Gebiet, das neben Nordbayern das nordöstliche Baden-Württemberg und Süd-Thüringen einschließt. Zentrale und größte Stadt ist Nürnberg, aus der der Autor stammt. Die hier aufgeführten Beispiele tragen daher schwerpunktmäßig die Nürnberger und mittelfränkische Dialektfärbung – Vollständigkeit exklusive. Es ist auch nicht auszuschließen, dass den Kommentaren und den Rückkopplungen auf aktuelle Geschehnisse das eine oder andere fränkisch - ironische Untertönchen beiwohnt – der Autor ist Franke und kann schwerlich aus seiner Haut.

Schnuppern Sie in die, teilweise sehr kreative, bildhafte Kommunikation eines Volksstammes hinein, der zwar bisweilen etwas muffelig daherkommt, aber ansonsten sehr herzlich und vor allem auf eine hintergründige Weise außergewöhnlich witzig sein kann.

Dabai vill Vergnüüchn!
(= dabei viel Vergnügen!)

Ted Hertle 2009/2014

PS.: *Und etz werd aweng wos gleesn, gell?*

Kurzeinführung
in die fränkische Sprache

Fränkisch verfügt über fünf goldene Regeln, die ihre marginalen Abweichungen vom Hochdeutschen charakterisieren:

1) (*"äschdns"* – *"erstens"*):
   Das labiale (= Lippenlaut) "L" wird außerhalb des Mundes gebildet.
   Das geht ganz einfach, indem man, während man ein "L" spricht, die Zunge aus dem Mund schiebt.
   Der ungeübte Außerfränkische neigt dabei üblicherweise zu zwei Fehlern:
   a) die Zunge gerade aus dem Mund zu schieben, wodurch der Sprachkanal jedoch vollständig blockiert wird.
   b) Die Zunge zu weit aus dem Mund zu schieben. Auch darunter leidet die flüssige Aussprache.
   Das Augenmerk beziehungsweise das Zungenmerk möge beim Üben darauf liegen, ob der Übende ein Rechts- oder ein Linkslabialer ist. Überlegt man das erst während der Aussprache, riskiert man phonetische Unfälle, die schon mal Ähnlichkeiten mit dem Niederbayerischen haben können.

Ferner teste man, wie weit die Zunge aus dem Mund geschoben werden muss, um das labiale "L" korrekt zu artikulieren. Dabei sind eventuell individuelle körperliche Merkmale zu berücksichtigen:

Lippendicke, Zungenlänge, maximale Mundöffnung, Beweglichkeit der Zunge et cetera.

Die ideale Zungenposition befindet sich knapp vor der Sprachkanalblockade, jedoch nicht darüber.

Haben Sie Spaß beim Üben. Benutzen Sie Wörter wie zum Beispiel "Leporello", "Polyacrylpulli" und "Spiritualität" um Ihrer Zunge die Welt zu zeigen.

Auch perfekt zum Trainieren geeignet:

Pachelbel (Komponist),

Tölpel (Schimpfwort),

Valpolicello (Wein),

Aquarellmalerei (Kunstform),

Waffl (Schnauze).

Begriffe wie *"Woschdsubbn"* ("Wurstsuppe"), *"dib dob Dyb"* ("famoser Kerl") und *"Blebberla"* ("kleiner Aufkleber"), *"Bibedde"* ("Laborgerät") trainieren hingegen die Punkte 2 und 3.

2) (*"zwaidns"* – "zweitens"):

Man unterscheidet nicht zwischen "D" und
"T".
Es gibt ein "hartes D" und ein "weiches D".
Gleiches gilt für "B" und "P".
In der Fachsprache der Grammatik nennen
sich diese Buchstaben Konsonanten.
Konsonanten sind "Hemmnis überwindende
Laute", wie uns ein Internetlexikon namens
"wiggibedia" wissen lässt. Immerhin ein
Hemmnis hat der Franke definitiv
überwunden: "P´s" und "T´s" hochdeutsch
korrekt auszusprechen.
Sie können sich aber nun viel besser
vorstellen, weshalb Dependancen der
Tankstellenkette "BP" *("BB")* in Franken weit-
gehend aus dem Landschaftsbild ver-
schwunden sind, Brigitte Bardot *("Brischidd
Baddoo")* jedoch jedermann bekannt ist.
Allereinzigste Ausnahme in Sachen "haddes
D" ist der "Sembft" ("Senf").
Hier wird ausnahmsweise das "hadde D"
geduldet.

Weitere Übungsworte:
Gitterpalette,
Trattoria

3) ("*driddns*" – "drittens"):

"Sp-" wird immer als "Schb-„gesprochen.
"*Schbargl*" ("Spargel"),
"*des woor Schbidze*" (wäre der Entertainer und Showmaster Hans Rosenthal Franke gewesen).

Das Gleiche gilt für "St".

Beispiele:
"*Schdeggerlaswald*"   ("Stöckchenwald"),
"*schderberdsgrang*"   ("sterbenskrank"/" hundeelend").

4) ("*fäddns* – viertens")

Das "K" wird in den allermeisten Fällen als "G" gesprochen.

Beispiele:
"*wergli*"   ("wirklich"),
"*Graud*"   ("Kraut"),
"*Gamillndee*" ("Kamillentee").

Ausnahmen:
"*Karasch*"   ("Garage"),
"*Karbfm*"   ("Karpfen").

5) (*"fimbfdns* – fünftens"):

Das für den Außenstehenden weitgehend sinnfreie Füllsel *"fei"* wird ausgiebig ange-wendet. Es hat keine bestimmte Bedeutung und könnte öfter in Richtung "aber" übersetzt werden. Mal verstärkt es wie in *"fei wergli"* (neudeutsch: "voll in echt"), mal kommt es über einen satzfüllenden Charakter nicht hinaus:

"Des hobbi mer etz fei nedd dengd."
(„das hätte ich so jetzt nicht vermutet").

"Fei" ist wohl ein Überbleibsel aus der Adelssprache längst vergangener Zeiten.

Beherzigst Du diese fünf Regeln und lässt das "R" immer schön rollen, liebe Leserin, lieber Leser, gehst Du - abzüglich Deines eventuellen, lokal kolori-sierten Akzentes - fast schon als Franke durch.

Aussspracheübungen:

"Dassdmer dou fei immer schäi iim (üben) dousd!"

"Hodd däi Graudschdampfer?
Fei wergli, hosd rechd!"

"Wenni bsuffn bin, konni nedd amol mehr "lalln"
ausschbrechn."

„Scha hie, däi hodd middn am Baggn an Biggl!"

Beispiel für eine weniger konsonantenschwache
Fränkisch-Variante.

Grammatik

Im Fränkischen findet man, zumindest lautmalerisch, die englische „to-do-Umschreibung" wieder:

"Dou amol des Graud her" -
"Do you have got any sauerkraut?
Would you pass it to me please!"
("Würden Sie mir bitte das Sauerkraut reichen?")

"Dou" =
Singular, 1 Person Imperativ

"Demmer/denner"=
1. Person Imperativ, Plural,

Beispiele:
„Demmer edz nu wos, oder hoggmer uns hie?"
("Tun (arbeiten) wir jetzt noch was oder setzen wir uns?").
Aber: *„Mir denner etz nu wos."*
("Wir tun/arbeiten jetzt noch was").

Auch ähnlich dem Englischen – der Satzbau:

"Dou/Demmer" ("tu/tun wir") kommt als klassisches Hilfsverb immer im Zusammenhang mit anderen Verben vor, wie das bei Hilfsverben halt so üblich ist.

Englisch:
"Do you think you´re able to understand this terrible dialect?"

Hochdeutsch:
("Tun Sie glauben, Sie sind in der Lage, zu verstehen einen solchen Dialekt?")

Fränkisch:
"Denner Sie glaam, Si kenner unsern glasse Dialeggd asu eimbfach verschdäi?"

Sie halten den Zusammenhang mit dem Englischen für konstruiert? Gedrechselt gar?
Hier die gebührende Anwort, wie sie jeder Franke einem naseweisen Dialekt-Frischling wie Ihnen geben würde:

"Nou schdeichsdmer hald am Fragg, dou Fregger."
(etwa: "jeder muss nach seiner Facon glücklich werden".)

Die Konjugation

dou   **tun**

Iich dou	Mir denner
Du doust	Ihr doud/ded
Er/Sie/Es doud	Däi denner

hogg   **sitzen**

Iich hogg	Mir hoggn
Dou hoggst	Ihr hoggd
Er/Sie/Es hoggd	Däi hoggn

schloufn   **schlafen**

Iich schlouf	Mir schloufn
Dou schleffd	Ihr schleffd
Er/Sie/Es schleffd	Däi schloufn

Man beachte das fehlende „s" bei „*schleffd*" (2.Pers. Singular & Plural), das der sogenannten fränkischen Bequemlichkeitsverschleifung zum Opfer fällt.

Deklination

Die Fälle entsprechen sich mit dem Hochdeutschen.

Einzige Ausnahme:

Das Genitiv-Wort *„Wessen"* ist im Fränkischen komplett inexistent.
Es wird durch ein kerniges *„Wem seins?"* ersetzt, das im schulischen Bereich erwiesenermaßen, schon mal zu Verwechslungen zwischen dem Genitiv und dem Dativ geführt hat.

Aber wem sein Interesse ist das schon?

Nominativ:	Wer?
Genitiv:	**Wem seins?**
Dativ:	Dem
Akkusativ:	Den

Alzo Obachd, gell? Wall, wem sei Schuld werdn na des sei, wemmer si ned verschdeed?
Also aufgepasst, denn wessen Schuld wird es wohl sein, wenn Mißverständnisse entstehen?

Der fränkische Imperativ

Grundsätzlich *"Les"* statt "Lies" und *"Ess"* statt "Iss".
Ansonsten weitgehend konform mit der Hochsprache.

Hier beugt das Fränkische erfolgreich der Befürchtung vor, die Anweisung "Lies was!" könne Jugendliche heutzutage verstärkt zum Abschluss von Leasing-Geschäften motivieren.

Man achte auch darauf, die Bekleidungsmarke "Esprit" in Franken nicht als Aufforderung zum Verzehr von französischem Weichkäse zu begreifen.

Der fränkische Plural

"Däi Kadoffl "   "Die Kartoffel
                         (Singular)

"Däi Kadoffl(n)"   "Die Kartoffeln"
                         (Plural)

Das angehängte "n", das den Plural erst erkennbar
macht, wird lautmalerisch unterschlagen.

Und weil man im Fränkischen sowieso nicht
Kartoffeln sagt, verwenden wir das übliche

"Bodaggn".

Also:

"An Bodaggn"   "Die Kartoffel"
                         (Singular)

"Däi Bodaggn"   "Die Kartoffeln"
                         (Plural)

Und schon wird deutlich, welches Singular und welches Plural meint.

Artikelgebung

Wir finden im Fränkischen eine erweiterte Artikelverwendung vor. Ähnlich dem englischen "the" (der, die, das) als umfassendem Artikel für alles gibt es im Fränkischen das *"an"* oder auch *"anne"*.

Durch die oftmals unklare Artikelbezüglichkeit (vgl.: *"ambudder"*)

erfährt das *"am"* eine Erweiterung in Richtung eines geschlechterübergreifenden Artikelbezugs. Wir umschreiben diesen Sachverhalt sehr gerne wie ein Boxer nach dem Kampf: geschwollen.

Zusätzlich finden wir auch die übliche "der-", "die-", "das-" Artikelgebung vor, welche sich hierzulande *"der"* oder *"dera"*, *"däi"* und *"des"* nennt.

Die Anwendung verhält sich weitgehend identisch zur Hochsprache.

Die *"Adiggl"* sollten also keine wirkliche Hürde für Sie als begabten Sprachschüler darstellen. Falls doch, behelfen Sie sich mit *"es"* oder *"an"* das geht fast immer.

Beispiele:

"Dou amol es Bier her!"
"Gibsd mer an Schlissl?"

Verbalverknappungen

Fragestellungen wie:
„Entschuldigen Sie bitte, das habe ich nicht verstanden, könnten Sie das freundlicherweise wiederholen?"
übersetzt der Franke mit einem unterschiedlich kraftvollen *„Hä?",* um dem Vorredner die mittlere bis totale Unverständlichkeit dessen Kommunikationsbotschaft in den Subtext zu retournieren.
Dafür ist die Realbotschaft umso kürzer.
Das *"Hä?"* gilt als einer der schlüssigsten Belege für die fränkische Maulfaulheit.
Auch spezifische Wortzusammenziehungen wie *ambudder* (aus *„an"* und *„budder")* oder *ambreller* (aus *„an"* und *„Breller"* = "Rauschzustand") finden üblicherweise statt und belegen fränkisch - sprachliche Sparsamkeit.

Beispiel:

"Gibsd meramol ambudder".

("Würdest Du mir (einmal) bitte die Butter reichen")
Man beachte hier die Verbalverschleifungen *"meramol"* (aus *"mer"* und *"amol";* aus mir und einmal) sowie *"ambudder"* (siehe oben).

Weitere Beispiele:

"Borbmonee" (Portemonnaie/Geldbörse). Die Verschleifung findet zwischen "Porte -" und "-monnaie" statt. In der Aussprache entfällt die Trennung zwischen "t" und "m".

"Vonnerer" ("von ihr")

"Momendamol" ("Moment einmal")

"anu" ("auch noch")

"ferra" ("für ein")

"demmeraweng" ("tun wir ein wenig")

"amend" ("am Ende, zum Schluss")

"wäizau" ("wie die Sau");

Beispiel:
„I gfrei mi wäizau!"
("wie", "die" und "Sau" wird zu *"wäizau"* verwoben).

Regionale Dialektunterschiede:

Man berücksichtige auch regionale Unterschiede bei einzelnen Vokabeln, Redewendungen oder in der Artikelgebung.

So herrscht derzeit im engeren Umfeld des Autors eine größere Auseinandersetzung, ob es *"a Glos"*, also "ein Kloß" oder *"es Glös"*, also mit neutraler Artikelgebung heißt.

Man kann hier von einer Dialekt- Differenz zwischen den Orten ausgehen, in denen die Disputanten aufgewachsen sind, im vorliegenden Fall: Nürnberg-Ziegelstein (*"Nämberch-Ziichlschdaa"*) und Schwabach-Wolkersdorf *("Schwabach-Wolgers-dorf")*.

Auch finden wir beispielsweise unterschiedliche Ausformungen des Wortes "allein". *"Allans"* hört man mehr im Nürnberger Raum. *"Allaa"* trifft man eher in der Gegend um Roth.

Grundsätzlich neutral benannt ist in Franken das Bier, *"es Seidla"*, *(*ziemlich genau ein halber Liter, von lateinisch "situla", der Eimer), weil es Männlein wie Weiblein gleichermaßen *"an breller"* (Rausch) verschafft.

Das hat nichts zu tun mit dem englischen "umbrella" (Regenschirm), auch wenn die Aussprache nahezu identisch ist.

Allerdings abzüglich des labialen "L", das der Engländer wiederum nur im Vollrausch anwendet.

Ein treffendes Exempel ist auch das unterfränkische *"glebsd/gleb"* gegen das mittelfränkische *"glaabsd/glaam"*.

Beides steht für "glauben". Ob man das nun *"glebd"* oder *"glaabd"* oder eben nicht.

Da es in verschiedenen fränkischen Landkreisen, ohne Übertreibung, millionen unterschiedliche Aussprachen, Vokabeln und Dialektfärbungen gibt, ist je nach Gegend mit Abweichungen von den in diesem Buch aufgeführten Wortbeispielen zu rechnen.

Diese alle zu erfassen ist jedoch aus Gründen der Unmöglichkeit und deren Vielfalt nicht drin.

Oder auf gut Fränkisch:

"Ihr mäisd aweng an Schlooch hom, wenner maand, dassi des anu zammsouch!"

(Übersetzung:

"Die Differenzierung nach regionalen Dialektunterschieden im Fränkischen würde auf-grund ihrer unglaublichen Vielfalt den Rahmen dieser Zusammenfassung komplett sprengen.")

Aweng –
ein Multifunktionswort

Ein bisschen schwanger gibt es nicht?
Im Fränkischen durchaus.
Da ist das ganz selbstverständlich.

Der Franke über eine Frau:
"Bai dera mousd aafbassen, däi is fei gern aweng schwanger."
("Bei dieser Dame ist Vorsicht geboten, sie gilt als verhütungstechnisch ein wenig unzuverlässig").

"Aweng" wird hauptsächlich in zweifacher Hinsicht verwendet:

1) im Sinne von "ein wenig"/ "etwas"
   (*"Derfs nu aweng mehr sei?"* -"Darfs noch etwas mehr sein?")

2) als Verniedlichung einer gar nicht so niedlichen Angelegenheit, der Gewalt-anwendung: *"Den hau mer etz aweng her"* ("Den knöpfen wir uns mal richtig vor"). Oder bei *"Brauchsd gwiiss aweng a Schelln?"* ("Brauchst du gewiss ein wenig eine Ohrfeige?").

Ferner kann es sein, dass jemand, der sich in seiner Jugend das Bein gebrochen hat, von einem Franken so vorgestellt wird:

"Des ist der Gerch, der brichd si gern aweng es Baa."
("Das ist der Georg, der bricht sich gern ein wenig das Bein.")

Merke:
zeitliche und logische Relevanzen werden in *"aweng*-Perspektive" eher nachrangig berücksichtigt. Schließlich bricht sich niemand gern das Bein und schon gar nicht öfter als er unbedingt muss.

Auch populär:
"Dou braugsd gwiis aweng anne am Baggn naaf?"
("Du brauchst wohl ein wenig eine Ohrfeige").
Ohrfeige übersetzen wir hier zusammenfassend. Eigentlich wörtlich: "eine auf die Wange hinauf".

Diese Formulierungsbeispiele runden unsere fränkische Sammlung der physischen *"aweng -Gewalt"* ab.
Grundsätzlich verniedlicht *"aweng"* eine durchaus ernst zu nehmende Aussage. Mit *"aweng"* ist gerade im letzten Beispiel keineswegs "ein wenig" im Sinne von "nicht viel" gemeint! Es ist also Vorsicht geboten, *"aweng"*-Formulierungen zu unterschätzen!

Damit keine Missverständnisse entstehen:
Die Franken sind gemütsbedingt alles andere als ein gewalttätiger Menschenschlag.

In Ausnahmefällen kann man jedoch Ausbrüche physischer Gewalt erleben (Streitfälle über den 1.FC Nürnberg oder beleidigende Momente auf Volksfesten nach mittlerem bis schwerem Alkoholkonsum).

Aussagen wie diese Beispiele findet man öfters auch bei Wortgefechten mit Altbayern vor.

Die Besetzung Frankens und die Zuschlagung an das Bayerische Königreich vor über 200 Jahren ist doch noch sehr im kollektiven Bewusstsein verankert, spielt aber im Alltagsleben kaum eine Rolle. Der Franke neigt nicht zum Chauvinismus, freut sich aber durchaus, wenn sein Franken innerhalb der Republik ausreichend gewürdigt wird (1. FCN, DFB-Pokalsieg 2007: ja, yellow press Zeitgenossen wie etwa Lothar Matthäus oder Tatjana Gsell: nicht ganz so ja).

Aktuell feiern die diversen fränkisch-altbayerischen Animositäten auf der Führungsebene der CSU fröhliche Urständ – und das wird das erste und letzte Mal sein, dass Sie hier eine rein bajuwarische Floskel wie „fröhliche Urständ" hören oder lesen.

Die politische Seite kommentieren wir hier bewusst nicht, aber dass eine Bayerin in Franken für Franken in Europa kandidiert geht natürlich nicht in Ordnung.

Wie heißt es im legendären Comic-Album "Asterix auf Koriska"?

"Ein Kaiser, den die Korsen akzeptieren, muss selbst Korse sein."
So ähnlich ist das auch in Franken.

Ausnahmen:
der Schleswig Holsteiner Andreas Köpke und der Slowake Marek Mintal.

Contradictio eo ipso
frankoniensis

Der fränkische "Widerspruch in sich selbst" erfährt seine deutlichsten Ausprägungen in folgenden fränkischen Anwendungen:

"Gscheid bläid".
Wörtlich übersetzt: "gescheit blöd."
Gescheit wird im Fränkischen verstärkend angewandt, etwa im Sinne von "besonders", nicht nur im Sinne von "klug".
"Gscheid bläid" ist also im Normalfall eine handfeste Beleidigung.

"Wenn scho bläid, dann gscheid!", auch mit "Soocherern" wie diesen bestätigt der Franke seinen Hang zum Wortwitz.

Ein *"Gscheiderla"* wird übrigens jemand genannt, der alles zu wissen glaubt und meist ausgiebig darüber referieren muss. Also hochdeutsch abfällig etwa so etwas wie ein Klugscheißer.

Anerkennend gibt's aber auch:

"Der koo wos, des is fei a Gscheider"
("So wie der sich gibt, kann man wohl von einer gewissen Intelligenz ausgehen").
Da schwingt unterschwellig sogar *"aweng"* ein Lob mit.

Aber zurück zum Widerspruch:

"Goude Sau":

Während anderswo die Bezeichnung "Sau" durchaus als unfreundlich gewertet wird, bedeutet sie gerade in Verbindung mit *"goud"* eine höchst positive Wertung der Person oder auch des Schweines.
"Goude Sau" meint gutmütig, angenehm, menschlich.

Gegenteil: *"Bläide Sau".*

"Zammhauer/zammhaggn"
("zusammenhauen/-hacken")
Während man andernorts gerne sein Holz spaltet, also auseinander schlägt, haut der Franke gern etwas zusammen.
Das ist natürlich keine grammatisch korrekte Beziehung, aber *"es is hald wäis is"* ("es ist halt wie es ist"). Darum hackt der Franke weiterhin gerne was zusammen und verhält sich folglich selbst in

der Zerstörung noch konstruktiv. Das soll ihm erst mal jemand nachmachen.

Auch das, soviel Sprachgeschichtsklitterung muss erlaubt sein, haben die Altbayern in ihren komischen Dialekt integriert.

Zum Glück ist der Franke *"dolerand"*.

Hier noch ein schönes Besipiel fürs widersprüchliche um-die-Ecke-gedachte - oder doch-nicht-Kompliment:

"Des is aa die schenst vom Saimargd"
("Die ist auch die Schönste vom Schweinemarkt") meint jemanden, der wohl genau das nicht ist: besonders attraktiv. Der Schweinemarkt oder dort Beschäftigte schienen frühers auch nicht gerade die höchste Respektstufe zu repräsentieren. Immerhin billigt man der Beleidigten eine herausragende Rolle auf dem Schweinemarkt zu, was jedoch beleidigungstechnisch eher eine Verschärfung darstellt.

Nicht wirklich freundlich, illustriert aber den fränkischen Widerspruch in sich und seine Anwendbarkeit recht gut.

Doppelungen/Ähnlichkeiten
(in der Reihenfolge des Eingangs)

Rein lautmalerisch betrachtet gibt es viele Worte, die sich im Fränkischen sehr ähneln. Um Fallstricken und Hör-Irritationen vorzubeugen, die für den Dialektlaien anfangs kaum zu erkennen sind, folgend eine Aufzählung.

Auch hier gilt:
Wir garantieren keine Vollständigkeit, sondern streben lediglich an, Leser und Sprachinteressierte für die Problematik phonetisch identischer und vergleichbarer Vokabeln zu sensibilisieren.

Schboodz (der)	der Spatz (Vogel)
schbodzn	spucken (Pl.:die Spatzen)
Scherm	Schirm
Scherm	Blumentopf
rinder	nach hinten

Käih (däi)	Rinder (Kühe)
schdilln	stehlen
schdilln	stillen
sechderne	solche
sedde	solche
versauer	etwas versauen
versauern	vereinsamen
wech (kurzes "e")	weg
wecher (langes "e")	wegen
schbilln	spielen
schbilln	spülen
schbaier	sich übergeben
Schbaier	Speyer (Stadt)

Hiedschn	Kröte
haadschn	schwerfällig gehen
Gebägg	Gebäck
Gebägg	Gepäck
derhuzn	sich sehr beeilen
hiehuzn	an etw. anstoßen
zeh	zehn (Zahl)
Zäi	Zeh (Teil v. Fuß)
Laddern (betont: "a")	Leiter
Laddern (betont: "e")	Laterne
Schdern	Stirn
Schdern	Stern
Dordn (däi)	Torte
dordn	dort, dorthin

LKW	Lastkraftwagen
LKW	**L**eber**K**äs**W**eggla

(LKW: Fränkische Abkürzung für Brötchen mit warmem Leberkäse belegt)

Budzn (langes "u")	(der) (Apfel-)Butzen
budzn (kurzes "u")	säubern
düfdln	etw. (aus-)tüfteln
düfdln	muffig riechen
Karbfm (der)	Karpfen
karbfm	sich "abkarpfen", vergeblich anstrengen
Lehm	Leben
Lehm/Läbberi	Lehm
Bieber	Biber (dammbauendes Säugetier)

Bieber	Pieper/Beeper (Rufgerät)
Bern	Birne
Bern	Bern

(Bern: Hauptstadt der anderen, nicht fränkischen Schweiz, in der es aber auch Franken gibt. Dialekt absolut nicht vergleichbar!)

Seidla	Biermaß (halber Liter)
Seidla/Seidn	Buchseite
Schnalln (däi)	Hure/ Gürtelschließe
schnalln	begreifen/ kapieren/gürten
Gloos (des)	Glas
Glos/Glees (der/däi)	Kloß/Klöße
Glos (der)	Ex-Politiker
Hoosn (däi)	Die Hasen

Huusn (däi)	Die Hose(n)
haas	heiß
haasn	heißen

Anwendungsbeispiel Haasn/Hoosn/Huusn:
(„Iich mecherd wissen, wäi des haasd, wenn der
Hoos a haas Hiesla ozäichd und wäi haasds?
Bläids Gschmarri, bläids!")

naggerd	nackt,
A Naggerds	Joghurt ohne Geschmackszusätze
laamer	leimen
Laama	spuckendes Nutztier (Südamerika)
Mais	Mais (Getreide)
Mais (däi)	Mäuse
Gribbe	Grippe
Gribbe	Krippe

Grefeld	Stadt, grob nördlich v. Nürnberg
A Gree Feld	..."ein Grün Feld!" (Gree: Meerettich)
Es Gree fehld	das Grün fehlt

Anwendungsbeispiel:
("Iich mooch däi Wüsdn nedd, wallmer dou es Greefeld.")

Faier	Feuer
Faier/Baddi	Feier/Party
Allah	Gottheit im Islam
allans	alleine (Aussprache Raum Nürnberg)
Allaa	alleine (Aussprache Rother Gegend)
Allianz	Versicherungskonzern
Auch	Auge
aa	auch

Hai	Heu
Hai	Meeresräuber
Hai	Hi (Grußformel)
läiber	lieber
Läber	Leber
Daum	Taube(n)
Dauma	Daumen
mäid	müde
mäid	made (engl.: gemacht, hergestellt)
Baggers	Kartoffelpuffer
Bagger	Erdaushubmaschine
Bfiffer	Pilze
bfiffich	gewitzt
Doldi	Depp, Idiot

Dolby (surround)   Soundsystem

Die sprachübergreifende Kombination *"Doldi surround"* findet keine Anwendung im Fränkischen. Man behilft sich zum Beispiel mit folgender Formulierung:
"Suu a Haafn Leid. Und anner a gresserer Doldi wäi der ander."

Ein Nürnberger Schaufenster: Wohl kein fränkischer Geschäftsmann – „Semmel" haasd des nedd, sondern Weggla. Obber mir sin ja nedd asu, villeichd is a Neigschmeggder.

Unzulässige Ableitungen
– fränkische Sprachfallen

Sie sind nun eventuell sprachlich übersensibilisiert, was fränkische Konsonanten und deren Aussprache und phonetisch Vergleichbares angeht.

Folgend eine Auswahl von Worten, die mit dem fränkischen Sprachschatz nichts zu tun haben. Seien Sie wachsam, falsche Übersetzungen Ihrerseits können beim ach so fremdenscheuen Franken Verwirrung stiften. Zu Risiken und Nebenwirkungen fragen Sie bitte Ihren Logopäden oder Frankonian-Dialect Support-Supervisor (FDSS = Fränkischlehrer).

Diddl Maus

> weder von Franken erfunden noch zweifelhafte Anspielung auf attraktive Damen mit auffälligen Oberweiten im Fränkischen.

Dennis

> ausschließlich männlicher Vorname. Hat nichts, aber auch gar nichts mit dem "weißen Sport" zu tun.

dip

> (englisch für "einstippen") hat nichts mit einem Hinweis oder einem Kerl zu tun. (Hinweis/Tip auf fränkisch: *"Dibb"*; Mensch/Kerl auf fränkisch: *"Dübb"*).

Blues

Musikstil.

Keine fränkische Addition oder Kleidungsstück.

Merke:

"Plus" = "*Blus*";

"Bluse" = "*Bliesla*"!

Blog

Internettagebuch. Kein Schreibblock. Auf Fränkisch *("Bleggla")*.

Proust

französischer Schriftsteller, keine fränkische Trinkaufforderung.

dümpeln

kein fränkischer Teich ("Tümpel"). Schiffe zum Beispiel können dümpeln.

Desdemona

ist der Name einer Theaterfigur (Gattin des Othello im gleichnamigen Drama von Shakespeare). Die Übersetzung aus dem Fränkischen „Teste Mona" ist absolut unzulässig.

Gleiches gilt für „Odessa" (Schwarzmeerstadt, nix Tessa!)

"Alzo aweng Obachd geem, dou, damid mer nix verwexld, gell?"
("Lassen Sie Vorsicht walten, ob der Verwechslungs-gefahr!")

Däi Doddn dou doddn!
(Die Torte dort drüben)

Franken über Franken und Fränkisches – dem Frangn sei Mendalidäd:

Muffelig, chronisch leicht beleidigt, mit leichtem, aber konstantem Hang zum Pessimismus, wortkarg und trockenhumorig sind Adjektive, die den fränkischen Charakter einzugrenzen versuchen.
Aussagen wie:
"Der Franke denkt erst und sagt dann – nichts!" runden diese Beschreibungen ab.

Hier einige Aussagen von Franken über Franken:

Ein Franke wird durch die zwei M´s charakterisiert: Maulfauler Muffel. *(Christian)*

Der Franke ist einfach ein Stoffel, wenn es um Fremde geht. Ist er aber mal warm gelaufen, gehört er Dir ein Leben lang. Vom Bier hat der Franke Ahnung – vom Vesper besonders viel. Vom hochdeutsch reden weniger, aber das können die Schwaben auch nicht. Nicht vergessen darf man den patriotischen Stolz des Franken. "Weil mir sin Frangn und kanne Baiern *grosspfui*"! Die einzelnen regionalen Zwistigkeiten innerhalb der Frankenregion darf man gar nicht erwähnen, sonst wirds zu lang. *(Kerstin)*

Es dauert meistens etwas länger, bis der Franke einen Kumpel einen Freund nennt. Und ich hab mal zu einem Kölner gesagt, dass die Franken-Mädels das halten, was die Rheinländerinnen versprechen. Solche Aussagen sind allerdings gefährlich, der wollte das dann ganz genau wissen...

(Name dem Verfasser bekannt)

Also ich musste Freunden in Schleswig Holstein erstmal erklären, dass es hier unten nicht nur Bayern gibt. Mittlerweile wissen sie von Franken und verwenden das B-Wort nur noch in unbedachten Momenten. Wenn ich Begriffe wie "Veschberbreddla" verwende, lachen sie auch nicht mehr so laut wie früher. Als ich auf dem Markt in Kiel zu kommunizieren versuchte, sah man mich an als wäre ich ein Außerirdischer und tuschelte hinter meinem Rücken.

(Michael)

Der "Franke als solcher" ist immer irgendwie leicht schnoddrig, eher trocken, hat aber einen weichen Kern hinter der rauen Schale.
Das rollende "R" und lauter weiche Konsonanten, also kein zum Beispiel hartes "D" kennzeichnen die Sprache.
Franken heißt: Grillen, Fußball und Leute, die gern draußen sind - und samstags ihr Auto waschen (in

Shorts und Schlappen – wenn´s ganz krass wird in weißen Tennissocken).   *(Heike)*

Soweit zu den Stimmen aus dem Umfeld.

Hier noch einige Beispiele, die in etwa eingrenzen, wie der Franke sonst so kommuniziert.

Rein sprachlich betrachtet beweist der Franke oftmals eine sprachliche Grundschüchternheit gepaart mit einer außerordentlichen Zurückhaltung, die sich in konjunktivistischen (Möglichkeitsform) Fragestellungen äußert.
Nennen wir das mal den fränkischen Höflich-keitskonjunktiv.

Beispiele:
"Iich mäiserd amol dou durch"
("Ich müsste mal da durch")
wird verwendet, wenn man da durch muss.
Und zwar jetzt.
Der Franke *müsste* also, wenn er eigentlich *muss*.

"Iich soucherd aweng d Dangschdelln."
("Ich "sucherte" ein wenig eine Tankstelle")
Selbst wenn das Benzin zur Neige geht, *würde* der Franke immer noch eine Tankstelle suchen, anstatt eine *"ewendwell"* direkte Frage zu stellen.

Auch gerne genommen:

Eine Negatives implizierende Frage zu Gesprächsbeginn:

"An Leberkääs hobbder gwiis nemmer dou?" („Leberkäse ist sicher schon ausverkauft?").
Die immer wieder leicht durchschimmernde fränkisch-pessimistische Grundeinstellung bekommt auch durch folgenden Dialog ein Bild:

Tourist: *"Schönes Wetter heute, nicht wahr?"*
Franke: *"Na, bis haid ohmd werds scho no rechna"* ("Bis heute abend wird's schon noch regnen").

Etwas versteckter Optimismus findet sich in folgender Formulierung wieder:
Auf der *"Kärwa"* ("Kirchweih", "Volksfest") kann man nach dem Klirren eines umgestoßenen Glases öfters den Spruch hören:
"Nix Schlimms bassierd, es wor ka Bier."
("Nicht so schlimm, es wurde kein Bier verschüttet").
Der fränkische Humor bekommt des Öfteren, eine reichlich abrupte Drehung ins Gegenteil der Sachlage und eine ausgesprochen trockene Ausformung, wie folgendes, selbst erlebtes Beispiel belegt:

Ein Mensch schiebt sich einen Löffel Joghurt in den Mund.

Es ist warm und warmer Schlabberkram in Joghurt-Konsistenz hat einen gewissen Ekelfaktor – ja, hat er, wir lesen hier schließlich ein jugendfreies Buch.

Die meisten Menschen würden als Reaktion etwa spontanes Ausspucken, Ekel-Ausrufe wie "Igitt", "Pfui Deibel", "Würg" "Spotz" oder "Algengrütze" verlauten lassen.

Der Franke hingegen behält das Joghurt im Munde, erfasst sämtliche Geschmacksnuancen komplett und meint dann:

"Gibbd hald nix bessers wäi a warms Jochod"

("Gibt halt nichts Besseres als ein warmes Joghurt").

Meint:

"Eigentlich ist alles andere besser als ein warmes Joghurt".

Oder dieses Beispiel:

Ein Franke nach der siebten und abschließenden Wurzelbehandlung zum Zahnarzt:

"Herr Doggder, wenni etz nemmer kummer mou – dou fehlt mer direggd wos."

("Herr Doktor, wenn ich jetzt nicht mehr zur Wurzel-behandlung kommen muss – da wird mir richtig was fehlen.")

Meint: "Natürlich wird mir gar nichts fehlen, wenn ich dies eklige Wurzelbehandlung hinter mir habe."

Das folgende interkulturelle Missverständnis ist überliefert:
Eine fürsorgliche Blumenhändlerin zu ihrem aus Osteuropa zugewanderten Lehrmädchen:

"Maadla, mogsd an haasn Dee?"
Nach dem ersten Schock des Lehrmädchens konnte geklärt werden, dass es keineswegs üblich ist, in Franken aus putzigen Häschen Tee herzustellen.

Die im Allgemeinen recht bierruhige Lässigkeit, mit mehr oder weniger extremen Situationen umzugehen und etwas entgegen dem Sachverhalt zu kommentieren, kennzeichnet den trockenen Witz des Franken. Dieser geht fast immer mit einer leichten bis mittleren Prise Ironie, sympathischerweise oft auf Kosten seiner selbst, einher.
Hier ein schönes Beispiel für fränkische Distanziertheit und gering ausgeprägte Kontaktfreude:

Ein Ehepaar betritt die Dorfwirtschaft.
Der Schankraum verfügt über sieben Tische.
An jedem dieser Tische sitzt ein Gast.
Er zu ihr:
"Alles voll, mir genger widder."
("Alles besetzt, wir gehen wieder").
Dieses Phänomen, dass erst jeder Tisch von Einzelnen besetzt wird, ist, beobachtbar.

Auch in der Nürnberger U-Bahn bequemt man sich erst dann auf einen Vierersitz, wenn alle Einzelsitze besetzt sind. In einen bereits durch eine Person besetzten Vierersitz wagt man sich erst, wenn keine andere Sitzgelegenheit mehr frei ist.
Eine fränkische Eigenart?
Wir glauben ja!
Frageformeln wie
"Derf mer si dou mid herhoggn?"
(„Dürfen wir uns hier dazu setzen?") existieren zwar theoretisch betrachtet, aber man hört sie doch sehr selten oder nur in Notfällen.
Zeit - bzw Gehörzeugen waren deshalb selbst durch Guido Knopp nicht aufzutreiben.
Im Regelfall kommt eine solche Frage nur dann zur Anwendung, wenn alle, wirklich alle anderen Plätze besetzt sind und auch nicht damit zu rechnen ist, dass binnen der nächsten 30 Minuten jemand seinen Sitz räumt.

Dass der Franke über eine gehörige Portion Pragmatismus verfügt zeigt folgendes Beispiel, gehört im öffentlichen Bus in Nürnberg/Eibach:

Die Straße ist durch einen "in-zweiter-Reihe-Parker" unpassierbar.
Der Bus wartet minutenlang und hupt gelegentlich. Nach etwa drei Minuten kommt aus der hinteren

Bushälfte der trockene, mit leicht verhaltener Wut geäußerte Vorschlag an den Busfahrer:

"Fohr nen hald zamm!"
("Fahr doch einfach drüber")

Man sieht, der Franke ist ein Freund naheliegender Lösungen. Manchmal eher weitläufig im gesetzestreuen Bereich, jedoch in seiner freiheitsliebenden Art erfrischend unkonventionell.
Ach ja, kurz nach dem geäußerten Vorschlag sprintete ein junger Mann in das die Straße blockierende Auto und gab hektisch die Straße frei. Als ob er ahnte, was ihm hätte blühen können...

Darüber hinaus gilt der Franke auch durchaus als spontan, wenn man ihm rechtzeitig Bescheid sagt.

Lob und Tadel:

Die Lust an der Verkehrung ins Gegenteil zeigt sich beim Thema Lob. Man spricht Lob niemals direkt aus, sondern geht grundsätzlich vom Fehler aus.
Die mehr oder weniger geringe Fehlerzahl klassifiziert somit den Status des Lobes.

Ziemlich hoch anzusiedeln ist die Aussage:
"Mir ham kanne Fehler gfundn."

Außerdem gibt's noch das legendäre und gerade daher von den Altbayern gern, natürlich illegalerweise, adaptierte *"Bassd scho"* ("Passt schon").
Es gilt gemeinhin als die höchste vorkommende Lobesform im gesamten Dialektgebiet.

"Dich kammer scho zou wos braung"
("Dich kann man schon zu etwas gebrauchen") stellt gleichfalls hohes Lob dar!

Außer diesen drei Wendungen kommen Formulierungen des Lobes beim Franken praktisch nicht oder höchstens gut versteckt vor.

War etwas nicht perfekt, aber wenigstens tauglich, kommentiert der Franke gern mit folgendem Satz:
"Des is nedd schäi, obber seldn."
("Das ist nicht schön, aber selten.")

Auch tief mit dem Fränkischen verwurzelten Sprachforschern ist keine klare Entschlüsselung gelungen, inwieweit diese Äußerung eine eventuelle Unterart des fränkischen Lobes darstellt. Immerhin lässt sie auf eine gewisse Genügsamkeit im gesamtfränkischen Wesen schließen oder aber auf einen Hang zur Improvisation.

Eine Köchin darf im Fränkischen schon mal stolz auf ihr gelungenes Menü sein, wenn sie folgenden Satz hört:

"Des kammer scho essn!"
(etwa: "Das kriegt man schon runter!")

Charmetechnisch deutlich ausbaufähig zeigt sich hier doch die pragmatische Ader des Franken: Essbar ist schließlich das Ziel beim Kochen.
Somit:
Ziel erreicht, mitgeteilt.
Bassd scho!

Beliebte Redewendungen:

Wie vermutlich in allen Dialekten gibt es auch für das Fränkische spezifische Sprichwörter und Ausdrücke. Sprachliche Fundstücke dieser Art werfen einen Blick auf die Denkweise und die Sprachfantasie des Franken.

Um die dialektische Transparenz zu erhöhen, werden diese *"Soocherer"* ("Sprichworte") erklärt und gegebenenfalls in der hochdeutschen Entsprechung wiedergegeben.

Wir erinnern uns:
Laut lesen erhöht den Übungseffekt

"Beinander wäi a Bäggla Resi"
nimmt Bezug auf das Hauptprodukt der ehemaligen Resi-Margarine Werke aus dem Nürnberger Norden und meint den Zustand eines Menschen, vorzugsweise nach einer durchzechten Nacht oder Krankheit. Eben durchgestampft wie Butter.

Anwendungsbeispiel:
"Allmächd, häddi nerblouß nedd asuu vill gsuffn. Iich bin ja beinander wäi ab Bäggla Resi."
("Grundgütiger, hätte ich nur nicht so sehr dem Alkohol zugesprochen, ich bin ja völlig durch den Wind.")

"Du schausd ja aus wäi der Dod vo Forchheim."
(hochdeutsch etwa:
"Du siehst ja aus wie durch die Hecke gezogen!")
bezieht sich mutmaßlich auf die Zeit der Pest, die möglicherweise in Forchheim schlimmer gewütet hat als sonst wo im Fränkischen. Wissenschaftlich ist das nicht hundertprozentig gesichert, da keiner derer, die sich heute darum kümmern, selbst dabei war.
Heutzutage gibt's zwar keine Pest mehr, dafür aber Casting-Shows. Vermutlich wird dereinst "Du siehst ja aus wie der Typ von DSDS" ein ähnlich geflügeltes Wort werden.

"Allmächd"
Kurzform Ausruf etwa für: "Grundgütiger", "Allmächtiger Gott", "Oh, ihr Götter des Olymp". Neudeutsch: "Oh my god!", (Abkürzung im Internet: OMG). *"Allmächd!"* wird höchst großzügig als Überraschungsausruf ebenso wie als zustimmende Anteilnahme angewendet.

"Gschmarri" auch „Schmarrn"
fränkisch für Unsinn/Blödsinn.
Du redest Unsinn heißt auf Fränkisch:
"Dou hosd haid widder a bläids Gschmarri." –
(wörtlich: „Du hast heute wieder einen blöden

61

Unsinn.") und findet unter anderem gerne Anwendung, wenn beispielsweise ein unbelehrbarer Euphoriker etwa die Deutsche Fußballmeisterschaft für den 1.FCN prognostiziert.

"Edz we can"
Aufschrift auf dem Trikot eines Fürth Fans beim Derby mit dem 1.FCN 2009. Abwandlung eines populären Slogans aus der amerikanischen Politik. Im Falle Fürth hat der Spruch nicht geholfen. Im Falle der USA ist man sich noch nicht so sicher.

"Gschnuufri gehm"
jemanden ignorieren, nicht mehr kennen, nicht beachten.
"Der hod mer widder kaa Gschnuufri gehm"
("Der hat mich komplett links liegen lassen.")

"Dou kenndsd naus wou ka Luuch is."
("Da möchte man hinaus, wo keine Öffnung in der Wand ist")
Wenn man sich über etwas dermaßen ärgert, dass man einer Gewaltanwendung - auch gegen sich selbst und eine Mauer nicht abhold wäre.
Hochdeutsche Entsprechung etwa:
„Das ist ja zum Mäuse melken."

"Etz leechi mi glei mid nei"

("Jetzt leg ich mich gleich mit rein") wurde gehört, als es einer Köchin zu lange dauerte, bis die Kartoffeln gar waren.

Die Kartoffeln blieben jedoch von dieser Drohung, trotz höchst attraktiver Köchin, leidlich unbeeindruckt.

"Dou kennsd di neileeng!"

Kommt zur Anwendung, wenn etwas besonders gut geschmeckt/gut getan hat.

„Des Söößla vo den Schweinsbroodn wora suu legger – dou häddi mi neileeng kenner."

(„Die Soße vom Schweinebraten war derart lecker, da hätte ich mich glatt drin baden mögen.")

"Dou bisd mer vielleichd a Margng"

("Du bist (mir) ja vielleicht ne Marke") Was im Hochdeutschen mehr anerkennend gemeint sein mag, findet im Fränkischen eine eher geringschätzige Bewertung.

"Vill Afriga, wenich Kühlschrang."

("Viel Afrika, wenig Kühlschrank")

Antwort auf die Frage, wie es denn ginge, im Sommer. Meint: "Es ist viel zu heiß!"

"Der is a Baiderla aaf alle Subbm."

("Der ist wie Petersilie auf allen Suppen") meint jemanden, der überall dabei sein und das dann meistens auch noch kommentieren muss. Wird sowohl anerkennend verwendet, als auch für eher nervige Zeitgenossen.

"Dann is der Kiddl gfliggd"

("Dann ist der Kittel geflickt") meint, dass dann wieder alles in Ordnung ist. Meist in Verwendung als Abschluss einer Besprechung, wenn man sich auf eine Vorgehensweise geeinigt hat.

"Mei Alde" ("meine Alte")

Im Fränkischen hält sich hartnäckig das Gerücht, dass es sich bei *„mei Alde"* um eine Abkürzung von „mei **Al**lerlibs**de**" ("meine Allerliebste") handelt. Warum sollte das nicht stimmen?

Im Hochdeutschen gilt auch als gesichert, dass „Schatzi" von Männern verwendet wird, die sich nicht zwischen „Schaf" und „Ziege" entscheiden können oder vielleicht wollen.

Apropos Schaf: das ist natürlich nur eine Abkürzung für "**Sch**önste **a**ller **F**rauen".

„vor lauder Loumiamied."
("…vor lauter Laß-mich-auch-mit.") Kommentiert etwas, das vor lauter Eile geschehen und folglich daneben gegangen ist. Loumiamied also nicht in einem Atemzug mit z.B. Sulfonamid nennen.

"Ich glaab mai Kiddl brennd"
(ungläubiger Ausruf des Erstaunens; steht für Situationen, die man für unbegreiflich hält).
Hochdeutsch etwa :
"Ich glaub´ mein Hamster bohnert."

"Kummi haid nedd, kummi mornq"
(wörtlich: "komm ich heute nicht, komm ich morgen") bezeichnet die mangelhafte Einstellung eines unzuverlässigen Menschen.
Findet man auch in anderen Kulturen, etwa beim mexikanischen "manana" - das erledigen wir „morgen".

"Bimml, Baidl, Borbmonee, hänga aff der glaichn Häih"
("Pimmel, Beutel, Portemonnaie hängen auf der gleichen Höhe").
Falls man mal nicht weiß, wo man was genau zu suchen hat.

"Ich däd gern aweng zohln!"

Was andere überhaupt nicht gerne tun – bezahlen – tut der Franke auch noch gern. Allerdings nur *"aweng"* wir wollen es ja nicht übertreiben. Anwendung findet diese Formulierung hauptsächlich in der Gastronomie.

Zahlen? Womit? Siehe voriges Beispiel!

"Dou qäidmer ja es Messer in der Daschn aaf!"

("Da geht mir ja das Messer in der Tasche auf!")

Aufregung über etwas, das man selbst ganz anders gemacht hätte beziehungsweise das ganz offensichtlich nicht funktionieren konnte. Häufig bei politischen Diskussionen eingesetzt oder im Zusammenhang mit Spielerverpflichtungen beim 1.FCN (unter anderen bei Angelos Charisteas).

"Hobbder....?"

Der Franke siezt nicht gerne. Wo viel geduzt wird, stößt man jedoch auch zwangsläufig an Grenzen der Etikette. Der Franke umgeht das „Sie" in diesem Falle gern, indem er sich in die "Ihr-Form" flüchtet. Ein bestimmtes *"Hobbder..?"* ("Habt ihr?", im Sinne von "Haben Sie?", "Gibt es bei Euch...?") umschifft die Klippe der Sie-Konvention gekonnt und der Franken bleibt dabei in den Sprachgefilden, die ihm Sicherheit gewährleisten.

"..as der Huusn hupfm."
"Der schdelld si asuu bläid o, dou kenndsd as der Huusn hupfm!"
("Der stellt sich so ungeschickt an, da könnte man glatt aus der Hose hüpfen")
Sich über etwas aufregen. Hochdeutsche Entsprechung: "Jemanden auf die Palme bringen".

"Dou mousd aafbassn wäi a Hefdlasmacher."
("Da musst Du aufpassen wie ein Nadelmacher")
Vorsichtig sein. Warnender Rat an jemanden.
Beispiel:
"Wennsd dei Bäier eischengsd, mousd aafbassn wäi a Hefdlasmacher, damidsd nix verschiddsd."

"Däi hodd an Oarsch wäi a Brauereigaul."
Wenig schmeichelhafte Beschreibung eines, meist weiblichen Körperteils. Wie fast überall in der Männerwelt kann auch der Franke mit Bewertungen desselben selten hinterm Berg halten. Geht zurück auf die kräftigen Pferde, die die Bierauslieferungen der Brauereien zu bewerkstelligen hatten. Durch den kraftvollen Bierbezug schwingt durchaus eine Prise Respekt in dieser Formulierung mit. Der Franke mags ja gern deftig.

"Zerschd kumma die Laid und dann däi Fresch!"
("Zuerst kommen die Leute, dann die Frösche")
Zurechtweisung an den vorlauten Nachwuchs, zum Beispiel bei der Nahrungsverteilung. Zuerst sind die Erwachsenen dran, dann der Nachwuchs ("der ja noch nichts geleistet hat").
Erzieherisch betrachtet nicht ganz auf der Höhe der Zeit.
Gegenwärtige Entsprechung etwa:
"Du wartest bitte auf der stillen Treppe, bis die Erwachsenen ihren Teil erhalten haben, sonst erkläre ich Dir, ein Stück weit, wie problematisch ich dein Verhalten finde."

"Dou schauder wäi a Achala wenns blizd."
(„Da guckt er wie ein Eichhörnchen, wenn es blitzt.")
Beschreibt das Aussehen eines Menschen, von erstaunt bis konsterniert, im Moment des Stutzens. Empfehlenswert aus labialen Aussprachetrainings-gründen folgende, bedeutungsgleiche Variante:
"Dou schauder wäi a Kälbla(!) wenns donnerd".

"Nix qwiis waas mer nedd"
("Nichts Genaues weiß man nicht").
Ausdruck von Skepsis etwa gegenüber Gerüchten und Gehörtem.

"Lou dai Rollo rou"

("Würdest Du bitte die Jalousie herunterlassen?")
kommt außer in Sketchen oder beim Touristen-
triezen kaum vor. Gilt jedoch als hochgeeigneter
Übungssatz für das rollende "R" und das labiale "L".

*"Ich bin fei nedd aff der Brennsubbm daher
gschwumma!"*
bedeutet soviel wie:
"Ich bin nicht so doof wie Du glaubst."
Hochdeutsche Entsprechung:
"Du glaubst wohl ich ziehe die Hosen mit der
Kneifzange an?"

"...des sichd wos glei."
Etwa: "Jetzt sitzt es richtig, sieht gut aus".
Begutachtung zum Beispiel eines vollendeten
Werkes.

"...des sichd schee"
„Das sieht gut aus so." Kann man unter anderem
von Damen hören, die nach sehr langer Zeit vor dem
Spiegel endlich zufrieden mit ihren Verschönerungs-
maßnahmen sind.

"Gscheid solls mi friern, wenn mer mei Mudder ka Jaggn gibd!"
("Richtig arg soll es mich frieren, wenn mir meine Mutter keine Jacke gibt!")
Dezenter Hinweis und Motivation zur Eigeninitiative. Auch ironischer Kommentar für jemanden, der etwas selbst verschuldet hat, sich jedoch lautstark darüber beklagt.

"Mai Kaz mooch Mais und ich moochs nedd!"
("Meine Katze mag Mäuse – ich mag sie nicht.")
Toleranzausspruch. Wenn man ein Verhalten nicht wirklich gut findet und es selbst ganz anders machen würde, aber respektiert, dass derjenige es eben so macht.
Rheinische Entsprechung:
"Jeder Jeck is anders." Oder so ähnlich.

"Dou hobbin lacherd gmachd."
("Da habe ich ihn lachend gemacht") meint, man hat jemanden zum Lachen gebracht. Der Franke weicht gerne von der üblichen Grammatik des Hochdeutschen ab. Jemand, der lacht, wird zu jemandem, der *"lacherd"* ist. Das Gedächtnis wird so zum *"Gmerg"* ("von merken"). Warum das so ist?
"Doud mer laid, dou hobbi ka Gmerg dafiir."
("Dafür habe ich (gerade) keinen Kopf.")

"Des is g´hubfd wäi dupfd."
("Das ist gehupft wie getupft") meint, egal wie herum man es anpackt, es kommt auf das Gleiche heraus.
Hochdeutsch: "Das ist Jacke wie Hose."

"...der schaud aweng langsam..."
meint einen Mitmenschen, der sich beim Verfolgen einer Kommunikation oder eines Sachverhaltes schwer tut. Die Bandbreite der Anwendung reicht von momentanen Aussetzern bis hin zu ange-borenen Problematiken.

"Dou hobbi vileichd Breggala glachd"
("Da habe ich vielleicht Bröckchen gelacht") meint umgangssprachlich "sich übergeben". Daraus lässt sich doch eine, wenn auch meist verborgene, recht positive Grundhaltung der Franken ableiten. Wer kotzen mit Bröckchen lachen umschreibt, kann nicht wirklich ein Schwarzseher sein, oder?

"Wennst dou mid obaggsd, is des, wäi wenn zwaa annera loslassn"
(„Wenn Du mit anpackst, ist das, als würden zwei andere loslassen")
Meint: "Deine Arbeitsleistung ist ungenügend".

"Nou schdeigsd mer hald am Fragg!"

Wird meistens dann verwendet, wenn einer der Gesprächsteilnehmer eine Diskussion für beendet erklärt. Meint etwa: "Dann musst Du sehen, wo Du bleibst," "Mach doch was Du willst!" oder "Rutsch mir doch im Slalom den Buckel herunter."

Dies ist eindeutig die zivile Variante, denn, ja, es gibt auch im Fränkischen den Götz von Berlichingen:

"Nou leggsd mi hald am Oarsch."

"Haid rengds a blouß amoll"

Geht eigentlich zurück auf eine andere beliebte Redewendung:

"Haid rengds zwamoll. Vuurmiddoch und nammidooch."

("Heute regnets zweimal; vormittags und nachmittags")

Man sollte Kenntnis über diese Aussage haben, sonst hat *"Haid rengds blouß amoll"* keine Logik.

Darauf aufbauend jedoch erschließt sich die Bedeutung von selbst.

"Asuu a Wasser is aramol ganz schäi"

(„So ein Wasser ist auch mal ganz schön!")

Gilt im Bierland Franken sozusagen als Gipfel der Ironie.

"Läiber an Moong verrengd, wäi an Wädd was gschengd."

Bezieht sich auf eine unterschwellige Geizeshaltung, die im Fränkischen durchaus vorkommt. Wenn man Essen geht, isst man den Teller leer, weil man schließlich dafür bezahlt.

In dieser Aussage spiegelt sich auch die fränkische Vorliebe für üppige Verpflegung wider.

Jeder, der mal auf eine fränkische Familienfeier eingeladen war, weiß, wovon die Rede ist: 25 geladene Gäste, aufgetischte Verpflegung für 70 und tödliche Beleidigung bis hin zur Familienfehde, wenn noch was übrig bleibt.

"Dou schdraidns wäi däi roudn Hund!"

Bezieht sich auf die frühere, als Partei mit hohem Auseinandersetzungspotenzial geltende Kommunistische Partei während der Weimarer Republik (Farbe: rot). Findet Anwendung bei der Beschreibung von hitzigen Auseinandersetzungen jeglicher Art, von disputativ (*"bollidisch"*) bis physisch (*"Schelln"*).

"Zwischn Dungl und Sixdminedd"

Im Schutz der Finsternis. Findet häufig Verwendung, bei halblegalen Aktivitäten oder ausufernden Festivitäten.

"Mer sach ja nix, mer redd ja blouß."

Wird gerne von Gerüchten verbreitenden Personen dem Gerücht, das soeben verbreitet wurde, als Abschwächung desselben hinterdrein geschoben.

Der Kundige weiß um die Vergeblichkeit des Abschwächungsversuches. Hier finden wir wieder die latente, des Öfteren erwähnte Widersprüchlichkeit in der fränkischen Umgangssprache.

"Bassd, waggld und hod Lufd."

Handwerkerspruch. Deutet auf ein gewisses Maß an Improvisation hin, ist meist jedoch dem typisch fränkischen Understatement geschuldet. Nie würde sich ein Franke selbst für seine Arbeit loben. Somit weicht er gerne auf diese und ähnliche Formulierungen aus. Also keine Sorge wegen eventuellen Handwerkerpfusches. Hier wird der Abschluss einer Arbeit angekündigt, die funktioniert.

"Dou schausd ja aus wäi an Kaschber Hauser sei glanner Brouder!"

Zustands- oder Aussehensbeschreibung einer Person, sowohl situativ (etwa „am Morgen danach") oder generell. Bezieht sich auf die historische Person Kaspar Hausers, der, als er seinerzeit gefunden wurde, tatsächlich sehr unansehnlich und daher Repressalien ausgesetzt war.

"Werd scho widder wern," sachd Frau Kern.
"Wall, bei der Frau Horn is a widder worn."
"Blouß bei der Frau Zimmer, dou werds immer schlimmer!"

Bis zur "Frau Horn" ein Spruch, der Kinder nach dem Hinfallen trösten wollte.

Wirkungslos, sobald die Knirpse mit dem "Frau Zimmer"-Satz retournieren konnten.

Hochdeutsche Entsprechung etwa:

"Ein Indianer kennt keinen Schmerz."

Gerne auch als lakonische Antwort auf allzu sehr jammernde Zeitgenossen angewendet.

"Der danzd wäi der Lumb am Schdeggn!"

Jemand der außergewöhnlich tanzbegabt ist und dieses Talent ausgiebig nutzt und gerne zeigt.

"Der nimmd sei Wasdl-Halbe."

Ausnahmsweise ist hier, mit "der Halben", nicht das Bier gemeint. Die Wastl-Halbe bekommen nur Arbeitnehmer bestimmter Betriebe, die das sechzigste Lebensjahr überschritten haben und denen man daher eine zusätzliche halbe Stunde Pause zugesteht. Diese nennt man Wastl-Halbe, da der besagte Kollege es alterstechnisch nicht mehr weit hat bis ins "Wastl", das Sebastianspital, eine in Nürnberg bekannte Seniorenpflegeeinrichtung.

"Su gänger däi Gäng"
"So ist das Leben". Zeugt von Schicksalsergebenheit und Akzeptanz nicht zu ändernder Tatsachen.

"Der schaud aus wäi a brellder Hiedsch!"
Jemand, der übel zugerichtet wurde. Sei es durch eigenes Verschulden (meist im Zusammenhang mit Alkohol) oder Fremdeinwirkung (etwa eine Wirtshausschlägerei). Wörtlich: "Er sieht aus wie eine geprellte Kröte."

„Däi wär mer edzerd a läiber wäi Dou in dein schensdn Onzuuch."
Dieser Spruch fällt meist in Männergesprächen im Zusammenhang mit attraktiven Damen. Verweis darauf, dass der gegenwärtige Gesellschafter nicht unersetzlich ist.

"Edz wädds Dooch!"
Soviel wie: "Jetzt schlägt´s aber dreizehn!".

„Dange, am Karfreidooch gräigsd mei Fleisch!"
Ironischer Kommentar. Verdreht die angebliche Dankbarkeit nahezu komplett ins Gegenteil. Der Franke meint so etwas jedoch nicht allzu ernst.

„Der was a blouß, dass a Pfund Fleisch a goude Subbn gibd."
Unterstellt einem Zeitgenossen mindestens leicht unterdurchschnittliche Kompetenz auf relativ breiter Front.

„Wenns Blech amol billicher wird, gräigsd an Oddn!"
Wie bereits erwähnt pflegt der Franke sein kritisches Verhältnis zum Thema Lob. Auch hier, wird, wenn man sehr genau hinsieht, eine Tätigkeit gelobt. Die Art und Weise jedoch ist quasi fränkisch-undercover. Bei beifallsheischenden Zeitgenossen sind Aussagen wie diese hervorragend anzuwenden.

„Der dengd a nedd vo zwelfer bis Middooch."
Klassifiziert einen Mitmenschen als schusselig und gedanklich wenig am Zeitgeschehen beteiligt.

„Gäi zou, bleib nu aweng dou."
„Geh zu, bleib noch ein wenig".
Der sprachliche Widerspruch fällt hier besonders auf. Mag der Situation geschuldet sein. Findet oft an Stammtischen Anwendung, wenn jemand befürchtet, seinen Zech- oder Kartelbruder zu verlieren.

"Und wenni gfregg fuur Zorn – iich ärcher mich nedd!"

"Und wenn der Zorn mich umbringt – ich ärgere mich nicht!"

Selbstredende Selbstbeschwichtigung. Der Franke flüchtet in emotionalen Extremsituationen gerne in die Selbstironie.

"Zäschd in Sandkasdn biesln und nou widder miidschbilln wolln..."

"Zuerst in den Sandkasten pinkeln und dann wieder mitspielen wollen."

Umschreibender Hinweis, an einen Spielverderber, dass der Zug abgefahren ist.

Weitere Mitwirkung unerwünscht!

In an Haus wou Ordnung herrschd, werd sugor es Russla berschd.

"In einem ordentlichen Haushalt wird sogar der Hund (Russla) gründlich gebürstet."

Meint: in diesem Haushalt ist alles blitzblank.

Däi Gschengdn und däi Gschnordn sin die besdn Sordn!

"Geschenktes und Geschnorrtes findet man für gewöhnlich am Besten." Weil's nichts kostet.

"Alles gäihd ner blouß däi Fresch hubfm."
"Alles geht nur die Frösche hüpfen." Wendet man gern im Dienstleistungsbereich an, wenn gefragt wird, ob etwas noch möglich gemacht werden kann. Hiermit deutet der Franke an: das können wir, das kriegen wir hin. Zugegeben, versteckt, aber immerhin.

"Haier nemmer un neggsds Joahr ned glei!"
"Heuer nicht mehr und nächstes Jahr nicht gleich." Hier wird etwas auf die ganz lange Bank geschoben. Weiteres Nachfragen relativ zwecklos.

"Iich bin blouß in Dreeg sei Dreeg."
"Ich bin nur der Dreck vom Dreck."
Meint: ich habe hier nichts zu sagen/entscheiden. Fragen Sie jemanden anderen.

"Widder wos gscheng und nedd griener."
"Wieder etwas erledigt und nicht geweint dabei." Bedeutet etwa:
"Na, so schlimm war es doch gar nicht."

"Edz hädds mi bald bissn!"
"Jetzt hätte es mich fast gebissen!"
Wenn man etwas sucht, das eigentlich genau vor der Nase liegt.

"A Blinder geberd was drum, wenner des seecherd."
"Ein Blinder gäbe etwas darum das zu sehen."
Wenn etwas so mittelprächtig geraten ist, dass man es nicht unbedingt sehen müsste. Aber immerhin einer etwas darum gäbe, es trotzdem zu sehen, nämlich der Blinde.

"Den budzi zamm, dasser in kann Schlabbm mehr neibassd!"
"Mit dieser Person führe ich ein derart deutliches Konfliktgespräch, dass er nicht mehr weiß ob er Männlein oder Weiblein ist."

"Douderfoo kammer nedd roobeißn."
"Davon kann man nicht abbeißen."
Wenn man zwar ausgiebig gelobt wird, aber der tatsächliche Brotverdienst sich in unverhältnismäßigen Grenzen zur (selbsteingeschätzten) Leistung hält, wagt der Franke schon mal diesen dezenten Hinweis.

"Gwolld hobbi nedd, obber mäin!"
"Ich wollte nicht, aber ich musste!"
Keine Entscheidung des freien Willens. Möglicherweise liegt hier eine Fremdsteuerung seitens der Ehefrau/des Vorgesetzten vor.

"Dou hosdi brennd!"
"Da hast du dich getäuscht (gebrannt)!"
Etwas das ganz sicher nicht so laufen wird , wie man sich das vorstellt!

"Zum Scheißn dauchds."
"Für eine geregelte Verdauung erfüllt es seinen Zweck."
Relativ deutliche Kritik an der Küche, zum Beispiel eines Restaurants.
Hochdeutsche Entsprechung etwa: der Hunger treibts rein.

"Dou werdder der Schnoobl sauber bleim!"
"Da wird dir der Schnabel sauber bleiben!"
Da wirst du dich umschauen, mein Lieber. Du wirst keinen Gewinn daraus erzielen. Du hast definitiv die falsche Entscheidung getroffen.

"Dir kummi mid der Richdung!"
"Ich werde dir schon zeigen wo es lang geht."
Kampfansage!

"Dou is ned mehr wäi alles hie!"
"Da ist nicht mehr als alles kaputt!"
Wenn etwas zur Gänze zerstört wurde. Unreparierbar, unwiederbringlich, total.

■■■■■ PIZZA KLASSIKER	
Margherita	6,00
Salami [1,2,3]	6,50
Schinken[10]	6,50
Champignon	6,50
Pepperoni	6,50
Schinken[10]-Champignon	7,00
Salami-Pepperoni	7,00
Thunfisch-Zwiebel	7,00
Popeye [Spinat, Knoblauch]	7,00
Hawaii [Schinken[10], Ananas]	7,00
Bratwurst [geräucherte Nürnberger Bratwurst]	7,00
Vegetarisch [Champignon, Paprika, Zwiebeln]	7,50
Single-Pizza [Knoblauch, Zwiebeln, Oliven]	7,50
Mozzarella [Frische Tomaten, Mozzarella, Basilikum]	7,50
Gorgonzola [Gorgonzola, Mozzarella, Basilikum]	7,50
Diabolo [Paprika, Pepperoni, Knoblauch, Sardellen]	7,80
Spezial [Schinken[10], Mozzarella, Champignons, frische Tomaten]	7,80
Mexicana [Salami, Knoblauch, Pepperoni, Mais, Paprika, Zwiebeln]	8,00

Auszug aus einer Speisekarte in Franken

Fränkisch schimpfen:

"Doldi", *"Aff"*, *"Drumm Debb"*, *"Gnalldebb"*, *"Oaschluuch, bläids"*, *"Kaschberkupf"*, *"Rimbfiech"*, *"Wilzau"* und so fort nimmt jeweils Bezug auf, subjektiv wahrgenommen, verhaltensoriginelle Mitmenschen in unterschiedlicher Abstufung.

Verstärkende Adjektive werden meistens hintan gestellt (*"Oaschluuch, bläids"*, *"Rimbfiech, saudumms"*), um den Charakter der Demütigung und Beleidigung des potentiellen Kombattanten zu erhöhen.

Umgekehrt setzt man zwecks Beleidigungsverstärkung auch gerne ein *"Drümmer-"* (also ein Trumm, also ein besonders Großer....) dem eigentlichen Schimpfwort voran, wenn ein einfaches "Idiot" nicht ausreicht.

Beim folgenden Beispiel ist die Logik der erhöhten Emotionalität untergeordnet:

"Dou gräigsd glei a Drümmer Rennschelln ohne Ansache!"
(etwa:
"gleich schlägts bei Dir blitzartig, ohne Ankündigung, ein!")

Dass eine solche Ansage bereits die angeblich nicht stattfindende Ansage der Handlung beinhaltet, macht den Sachverhalt zwar unlogischer, aber nicht ungefährlicher für den Angesprochenen.

Lassen Sie sich dringend davon abraten, mit jemandem, der eine solche Aussage trifft in eine Logik-Diskussion einzutreten. Es ist davon auszugehen, dass die Diskussionsbereitschaft zu diesem Thema bereits deutlich herabgemindert ist und man sich an der Schwelle zur physischen Auseinandersetzung befindet.

Eine solche Auseinandersetzung wird gerne und leicht verniedlichend als *"zammruggn"*, also als zusammenrücken bezeichnet. Wenn Sie so weit gekommen sind, lohnt es jedoch nicht mehr, sich um Widersprüchlichkeiten wie "auseinandersetzen" und "zusammenrücken" Gedanken zu machen. Vielmehr ist es geboten, die eigene körperliche Unversehrtheit zu bewahren.

Der Franke
und die Bratwurst:

Er liebt sie und sie ist neben einem Landbier aus fränkischer Herstellung und dem *"Lebkoung"* ("Lebkuchen") sein Hauptnahrungsmittel, wird aber langsam durch die großen Fast-Food Konzerne in Bedrängnis gebracht. Die Nürnberger Bratwurst steht daher seit kurzem unter amtlichem Schutz der europäischen Union.

Sie wird verzehrt als *"3 im Weggla"* ("3 im Brötchen") (der Name „Nürn-Burger" hat sich hierfür nie richtig durchsetzen können, außer zwischenzeitlich in Restaurants einer amerikanischen Schnell-Ess Kette). Sie schmeckt mit Kartoffelsalat, natürlich Senf (*"Sembft"*, das nachweislich allereinzigste fränkische Wort mit *"haddn D"*), Sauerkraut, ab und an mit Spargel und roh als „G´hägg" ("Gehäck/Tatar") mit Zwiebeln und Paprika. Auch beliebt: Saure oder blaue Zipfel, gekocht in Essig-Zwiebelsud.

Erwiesenermaßen gab es bereits Experimente mit Bratwurstlasagne im Umfeld des Autors, was sich jedoch selbst an der italienischen Riviera nicht recht etablieren mochte, geschweige denn in Franken selbst.

Dort gilt eben auch der fränkische Experimentier-unfreudigkeitssatz:

Was der Franke nicht kennt, das isst er höchst skeptisch oder besser gar nicht.

Beispiel:
"Dagliadelle? Des konni scho nedd ausschbrechn, edz sollis gwies anu fressen?
Ach, Nudln, na soogs hald glei!"

Von der Bratwurst gibt es zwei relevante Ausführungen:
Die Nürnberger:
7-9 cm lang bei 1,5 cm Durchmesser, charakteristisch: Zusatz von Majoran.
Die Fränkische:
10-20 cm lang, je nach Region, bei 1,5-2 cm Durchmesser.
Alle anderen (Coburger, Thüringer etc bis hin zur marokkanischen Ausgabe namens Merguez) sind lediglich Variationen mit, zugegeben, bisweilen recht appetitlichen regionalen Geschmacksnuancen.
Da der Franke, besonders der Nürnberger, das Klischee, aus der Bratwurststadt/-gegend zu kommen, sowieso nicht los wird, akzeptiert man die Image-Vermengung von Franken und Bratwürsten schicksalsergeben und ernährt sich, soweit mentalitätsgemäß fröhlich von seinen *"Werschdla".*
Rundheraus abgelehnt und ignoriert wird vom Franken die Beschimpfung von Bundesligaschiedsrichtern mit den Worten:

"Du blinde Bratwurst".
Für einen Schiri, der dem Club ein Tor wegen angeblicher Abseitsstellung aberkennt, reicht das bei Weitem nicht aus!

Wer jedoch zum Thema *"Sex aff Graud"* ("Sechs Bratwürste auf (Sauer-)Kraut") billige Scherze treibt, gibt sich unwiderruflich als Preuße, Hesse, Hanseat oder gar Altbayer zu erkennen und wird daraufhin meist mit einem freundlichen, aber bestimmten *"Hald dei Waffl"* oder *"Lou mer mei Rouh"* ignoriert.
Um auch vegetarische Franken - neueren Erhebungen zufolge ist bereits von Zahlen im zweistelligen Bereich die Rede – mit einer gesamt-fränkischen Identifikationsmöglichkeit auszustatten, gibt es den Lebkuchen.
Dieses Backwerk ist, im Allgemeinen, frei von Fleisch, was bei fränkischen Speisen durchaus eine besondere Erwähnung verdient.
Nachdem viele Gewürzkarawanen im Mittelalter durch Nürnberg kamen, gab es schon früh in der Region exklusive Zutaten für außergewöhnliche Speisen und Backwerk. Darauf gründet sich der einzigartige Lebkuchengeschmack aus vielen in der Region eher untypischen Zutaten.
Der Lebkuchen ist beliebtes Mitbringsel, Verzehrgebäck zur Weihnachtszeit und Exportartikel gleichzeitig.

Die puren Braunen jedoch, im Gegensatz zu jenen mit Schokoladen - oder Zuckergussüberzug werden unterm Weihnachtsbaum schon mal links liegen gelassen und später hart.

Das ist wie bei den Menschen. Die werden auch hart, wenn sie ignoriert werden. Dass jedoch solch braune Lebkuchenstücke regelmäßig bei den Berliner Krawallen zum 1. Mai ihre Verwendung als Wurfgeschosse finden, ist ein böswilliges Gerücht und entbehrt jedweder Grundlage!

Darüber hinaus ist der Lebkuchen extrem wohl- schmeckend, unpolitisch und trägt wegen seiner mittelgünstigen Ernährungsbilanz wie *es Schäuferla, däi Gniedla, es Weizn* und *der Schweinsbroodn* zur besonders beim fränkischen Mann vorkommenden, bisweilen doch recht üppigen Bauchbildung (*"Wambm"*) bei.

Der Franke
und das Bier

Gerne und durchaus ausgiebig widmet man sich hierzulande dem Hopfenblütentee.

Man bevorzugt die kleinen, regionalen Brauereien (*"a saubers Schdöffla!"*), da sich diese in geschmacklicher Qualität doch relativ deutlich von den bekannteren Industriebieren (*"Blembl!"*) abheben sollen. Der Franke referiert recht gern über besonders gute Wirtshäuser mit Ausschank spezieller Braukunst. Eine gute Möglichkeit, um mit Eingeborenen in Kontakt zu treten und nebenbei noch den einen oder anderen Brau-Geheimtipp abzugreifen.

Wir überlassen es dem Ermessen des Lesers, ausgedehnte Testreihen zu fahren. Brauereien gibt es in Franken zur Genüge, meist in Verbindung mit entsprechendem kulinarischen Angebot. Seien Sie sich jedoch des orgienhaften Charakters und der Masslosigkeit einer solchen Testreihe bewusst. Ebenso sollten Risikopatienten derartige Selbstversuche je nach Verfassung nur unter medizinischer Aufsicht antreten. Die Nahrungsaufnahme in Franken, und dazu zählt auch das Bier, bedeutet in erster Linie eines: viel, also wirklich viel!

Um in der *"Wäddschafd"* nicht unangenehm aufzufallen, hier noch ein wichtiger Hinweis:

"Weizn" = Fränkisch - *"Weissbier"* = Bayerisch

Der Franke
und der Club

Eine ambivalente Beziehung, die oft genug auf purer, identitätsstiftender Notwendigkeit beruht und oftmals eine gewisse konstruktive Spannung (Hassliebe) aufweist.

Viel Freude hat der Franke an seinem Club (der 1.FC Nürnberg heißt seit seiner glorreichen Zeit, die 1968 mit dem ersten Bundesligaabstieg endete, schlicht und bescheiden "Der Club" – "*Glubb*") nicht gehabt in den letzten 40 Jahren (Große Ausnahme: DFB-Pokalsieg 2007). Es gab gerüchteweise Wett- und handfeste Finanzskandale, Finanzkrisen, Abstiege, Spieler-Flops und jedes Jahr neue, oft enttäuschte Hoffnungen auf bessere Zeiten.

Man könnte den Slogan eines Nürnberger Alternativ-Radios problemlos auf den 1.FCN und seine Fans anwenden:

"Aus Verzweiflung gut".

Die Euphorie rund um den Valznerweiher ist jedes Jahr aufs Neue ebenso unfassbar wie unerklärlich und steht oft genug im diametralen Gegensatz zu den Leistungen der Mannschaft und den finanziellen Möglichkeiten des Club.

Der nie wirklich erfüllte Glaube an eine höhere Gerechtigkeit, etwa, dass mal der FC Bayern

München an Clubbes statt absteigen möge, träufelt dem Clubfan meist eine Prise Sarkasmus in sein After-Spiel-Seidla, was ihn aber nicht entmutigt, sondern nur noch tiefer mit seinem Club verschweißt.

Auch drückt der Slogan *"Der Glubb is a Debb"* durchaus eine kritisch-distanzierte Haltung ob der notorischen Vermasselung bester Torchancen aus. Das ändert jedoch nichts an der schwarz-rot - die Vereinsfarben sind eigentlich rot-weiß - glühenden Leidenschaft.

Das Frankenstadion oder Max Morlock Stadion - wir verwenden bewusst nicht den Namen des mittlerweile wieder ehemaligen Namens-Sponsors aus dem anglifizierten Kreditwesen, der unter Fans als unaussprechlich gilt - ist einer der ganz wenigen Orte, an denen man den Franken völlig außer sich erleben kann. Hier findet ein völliger Gegensatz zur sonst vorherschenden Bierruhe und *"Lou-mer-mai-Rouh"*-Haltung" in der fränkischen Mentalität statt: Ausgelassenheit, Ekstase und Halligalli ohne Grenzen! Das Wort "Euphorie" ist genau genommen nur wegen des 1.FCN (auch ironisch "Fußclub" oder "der Ruhmreiche") in den fränkischen Sprachschatz aufgenommen worden.

Als Auswärtiger ist man gut beraten, nach einer Niederlage des 1.FCN nicht allzu viel, etwa preußischen Spott zu versprühen, etwa:

"Na, das war ja mal wieder gar nichts. So steigt ihr bald wieder ab. Eure hatten wohl ihre X-Beine seitenverkehrt eingehängt, höhöhö."

Andernfalls lernt man unter Umständen spontan Begriffe wie:

"Etz is fei glei dei Broud baggn"
(soviel wie: "Jetzt ist es aber endgültig genug");

"Asuu a Bäggla Schelln is fei schnell aafgmachd"
("Wenn Du so weitermachst, werde ich exklusiv für Dich ein Paket Ohrfeigen öffnen");

oder

"Hald dei Waffl" ("Schnauze!")
kennen.
Wobei nicht garantiert werden kann, dass es bei rein verbaler Aggression bleibt.
Es geht schließlich um den Club, den 1.FCN, sozusagen den heiligen Gral neuerer fränkischer Geschichte.
Im günstigsten Fall bleibt es bei einem weitgehend ungefährlichen
"Verschwind!"
oder dem mittlerweile altbekannten
"Lou mer mai Rouh".

Für Fans des Ruhpottvereins Schalke 04, macht man jedoch eine Ausnahme. Die Fanfreundschaft zwischen den beiden Vereinen ist legendär!

Aber wer will dem Franken auch seine Diskussionsmüdigkeit direkt nach dem Spiel verdenken? Er ist schließlich heiser vom ständigen Anfeuern seines Lieblingsvereins.

Beispiele gefällig? Bitte sehr:

"Schäiß hald, dou Aff, dou bläider;"
(anwendbar in jedem Spiel)

"Nie meeeehr zwaide Licha, nie mehr, nie meeeeeehr";
(anwendbar gefühlt etwa jede zweite Saison)

"Diir schraubi glei Hengl am Balln, damidsdnern besser neidroong kannsd!"
(anwendbar seinerzeit hauptsächlich auf A. Charisteas, aber auch auf viele andere Club-Stürmer Generationen seit 1968)

Abschließend zum "Ruhmreichen" sei noch ein Zitat erwähnt, welches ein Fan nach einem Foul mit Verwarnung eines FCN Spielers in einer Sportkneipe gen Leinwand schleuderte:

"Der brauchd ka gelbe Kaddn, der brauchd a Drümmer Schelln!" ("Alles was der jetzt benötigt, ist keine Verwarnung sondern eine richtige Ohrfeige!").

Hier schimmert eine durchaus kritische Haltung des "Glubberers", so die fränkische Bezeichnung des Clubfans, gegenüber seiner Mannschaft durch. Man plädiert für die Verschärfung der Trainingsmethoden, Trainerwechsel, Spielerneukäufe und hofft so Resultatsverbesserung bei den Spielen.

Aber egal wie, das hofft man eigentlich immer.

Erst kürzlich trieb der Club mit seiner eben in die zweite Bundesliga abgestiegenen Mannschaft einen weiteren dicken Stachel ins Fleisch des Clubberers.

Die historische 5:1 Niederlage im Derby in Fürth.

Selten fand dieser *"Soocherer"* der Fans häufiger Anwendung als bisher:

"Der Glubb is a Debb!"

Schafkopf
– das amtliche Kartenspiel in Franken

Während die Oberpfalz die abgespeckte Version mit sechs Karten duldet, ist in Franken die Version mit vier Spielern und je acht Karten Gesetz. Ausgezahlt wird gleich in die Kleingeldschüsselchen, die normalerweise jedes traditionelle Wirtshaus zur Verfügung stellt. Durch so genanntes „Legen" kann man den Einsatz verdoppeln, selbst gravierte Leger *(zum Beispiel Aluminiumplättchen mit der Inschrift „Rausgleechd is")* kommen durchaus vor. Wichtig sind die Asse beim „Rufen" also dem Finden des Mitspielers. Die grüne As heißt unter anderem *„die Blaue"*, die Herz-As *„Roude"*, die Eichel-As *„Alde"* und die Schelln-As verfügt über die interessantesten Benennungen: *„Runde"*, *„Bumbl"* *„Brechodlmanns-quadschn"* oder *„däi wou der Hund die Sau figgd"*, weil auf dem Bild ein (Jagd-) Hund rücklings auf einem Wildschwein zugange ist. Ob der Biss in den Nacken desselben jedoch von Leidenschaft geprägt ist, darf ob seines wirren Blickes bezweifelt werden. Aber der Franke "bildhaftelt" halt gern ein wenig, wie bereits an anderer Stelle erwähnt.

Fragen Sie nicht nach einer besonderen Logik dieser und zahlloser anderer Kartel-Bezeichnungen. Der Franke handelt hier nach der teilbhuddistischen Regel: Das Spiel ist das Ziel. Wozu also nach dem tieferen Sinn oder gar der Logik fragen, wo doch alles so passt wie es ist. Hauptsache es wird gekartelt bis einen der Wirt hinauskehrt oder das Bier zur Neige geht.

Wenig erwünscht sind übrigens Kiebize, also Menschen, die beim *"Kaddln"* nur zusehen und eventuell altkluge Kommentare abgeben.

("Wos? Mid dem Bladd willsd dou a Solo schbilln?").

Ausnahme ist höchstens der sogenannte *"Brunzkaddler"*. So etwas wie ein Einwechselspieler beim Fußball, wenn der etatmäßige Spieler gerade, notdurftbedingt, unabkömmlich ist. Der Einsatz des Brunzkaddlers wird üblicherweise durch maskuline Kraftbemerkungen angekündigt, die den Sachverhalt bildhaft umschreiben (*"Iich mäserd amol a Schdängla Wasser ins Egg schdelln"* oder *"Iich mouamol fier glanne Königsdiicher"*; weniger gewählt ausgedrückt:

"Iich mou brunzn/schiffm, schbillsd dou aweng?")

Der Legende zufolge gibt es in Weinzierlein eine Art Akademie, die das Regelwerk festlegt. Bestätigt ist dies jedoch nicht.

Ein buntes Sammelsurium an Kartelsprüchen rundet das Spielvergnügen ab, hier nur drei Beispiele:

"A Kaddn odder a Scheidla Hulz"
sagt man, wenn ein Spieler zu lange mit dem Ausspielen zögert.

"Neili homms an ausgrohm, der hodd immer nu gmischd!"
- betrifft den, der beim Kartenmischen zu lange braucht.

"Was lichd, des bichd!"
Ist eine Karte einmal ausgespielt, kann die Entscheidung nicht mehr rückgängig gemacht werden.
Wird abgewandelt auch als *"Was lichd, des lichd!"* verwendet, was wiederum, wie spaßig, mit Fantasielatein *"Quod lumen, lux!"* (Altphilologen werden hier die Tränen des Schmerzes in die Augen treten: Was licht, licht) übersetzt wird.
Seien Sie auf sämtliche Varianten gefasst!
Weitere Beispiele und Bezeichnungen für Karten und Spielzüge findet man problemlos in den Weiten des Internets oder in jedem fränkischen Gasthaus.
Zu Risiken und Suchtgefahren fragen Sie ihren Arzt oder Apotheker. Diese Herren finden Sie meistens im Dorfwirtshaus beim Schafkopfspiel.
Selbstverständlich ist das Kartenspiel in keinem Fall und zu keinem Zeitpunkt eine Rechtfertigung, sich über Gebühr in Wirtshäusern mit Bierausschank aufzuhalten. Auch die These, vornehmlich von ehefraulicher Seite verbreitet, der Kartelabend sei dem Manne Fluchtpunkt und Zuversicht im Leben, ist ganz sicher nicht richtig.

Also wahrscheinlich.
    Okay, vielleicht.
        Eventuell bestimmt.
            Ja, was weiß ich denn schon?

Schellnsau, Brechodlmannsquadschn, die Runde
oder...?

Namen, die im fränkischen Sprachraum leider öfters verwendet werden, als es schön ist

Bei Anwendung der Sprach-Regeln 1-5 auf die folgenden Namen werden Sie eine gewisse Grenzwertigkeit feststellen.
Und Sie haben recht damit!

Chantal, Ulla, Bella, Peter, Paul, Justin, Tilman, Nathalie, Tatjana, Dorothee, Lolita, Natascha
Lilly, Pamela, Franka Potente.

Verstehen Sie was gemeint ist?
Falls nicht, laut lesen!
Auf Fränkisch natürlich!
Derlei Unschönigkeiten des fränkischen Dialektes erklären zum Beispiel, weshalb ein Fußballpieler namens Christian *Lell* niemals beim Nürnberger Club anheuern wird. Man stelle sich vor, 40000 fränkische Fans würden bei der namentlichen Vorstellung der Mannschaft ein labiales "LELL!" ins Stadionrund schreien.
Man muss aber auch in solchen Fällen die Macht des Geldes anerkennen:
einige Zeit hieß das Fürther Fußballstadion "Trolli-Arena".

Dass man jedoch das Nürnberger Eishockey Team *"Ais Daichers"* genannt hat, darf getrost als ein Unglück an der Schnittstelle zwischen sprachlicher Tradition und gewaltsamer Anglifizierung in der Moderne gelten.

Es soll gerüchteweise sogar Menschen geben, die den 1. FCN am liebsten nie mehr auf europäischer Fußballebene spielen sehen möchten.

Grund: es könnte sein, dass man gegen den französischen Club OSC Lille antreten muss.

Und wie, bitteschön, soll ein Clubfan das aussprechen?

Auch ein möglicher Triple-Gewinn aus Meisterschaft, Pokal und Champions-League, ginge dem Franken als *Dribbl-Siecher* nur schwer über die Lippen.

Reisewortschatz:

"Wanderer kommst Du nach Franken, dann sage, Du habest sie hier mumpfeln gesehen, wie die Tradition es befahl."

Mumpfeln ist wohl meistens das erste, was ein Auswärtiger von einem Franken mitbekommt.

Der Franke fühlt sich schnell gestört, wenn etwas nicht so ist, wie es immer ist und dazu gehört das Erscheinen von Fremden/Touristen auf der Bildfläche.

Kurzum, er kaschiert seine teilweise Überforderung durch die Konfrontation mit fremden Kulturen durch ein vordergründiges Distanzierverhalten.

Die in Franken durchaus vorkommende Neugierde auf andere Kulturen verbirgt er meist höchst erfolgreich dahinter.

Weniger informierte Beobachter neigen wegen dieser kritischen Distanz zu der Annahme, der Franke sei irgendwie dauerhaft leicht beleidigt.

Man muss schon etwas geduldig um die Gunst des Franken buhlen, hat man sich jedoch angefreundet, ist der Franke ein treuer Gefährte und auch unter extremen Bedingungen (Bier warm, Schweinebraten Vorräte aufgezehrt, kein Senf zur Bratwurst, Clubniederlage) ein durchaus lebensfroher Geselle.

Seien Sie einfach sie selbst und lassen Sie den Franken mumpfeln (in den Bart murmeln, dass nichts mehr sei wie früher, was die denn da schon wieder wollten und so weiter). Er meint nicht Sie persönlich, er folgt mit seiner latenten Grantelei einer vermutlich uralten Tradition (es gibt wissenschaftliche Theorien, wonach der erste Fisch der Beine entwickelte und an (Franken-) Land ging, gesagt haben soll:

"Es is hald nix mer wäi fräiers!"

und damit schon die Grundzüge des Mumpfelns gezeigt hat).

Die Kontaktaufnahme wird erleichtert, wenn man sich in Themen wie Fußball, Bier und fränkischer Küche auskennt und zum Beispiel Begriffe wie *„ozullds Buddlasbaa"* ("angenagtes Hühnerbein") zur allgemeinen Belustigung zu radebrechen bereit ist.

Viel Erfolg bei der Kontaktaufnahme mit fränkischen Eingeborenen.

Grußformeln & Existenzelles

Beim Ankommen:

Servusla.	Servus, Hallo.
Und wäi?	Wie gehts denn so?
Mou hald.	Es muss eben.
Bassd scho.	Alles in Ordnung soweit, bestens.
Guudn Dooch.	Guten Tag.
Gris Good.	Grüß Gott.
Servus, alde Woschdhaud.	etwa: guten Tag, alter Kumpel.

Beim Gehen:

Servusla.	Servus.
Max fei goud.	Mach´s gut.
Mir seng si.	Wir sehen uns.
Scheender Dooch nu, gell?	Schönen Tag noch.
Tschüssla.	Tschüss.
Servus/Ade.	Auf Wiedersehen.
Hau di nei.	Hau rein, Alter. (Floskel)

Wetter:

Sreengd	Es regnet!
Gwellwolgn	Quellwolken
Gwidder	Gewitter
schnaing	schneien
Scherm	(Regen-)Schirm

Im Hotel:

Gris God, häddn`S aweng a Zimmerla fier miich?	Grüß Gott, haben Sie ein Zimmer für mich?
Iich/mir mecherd(n)...	Ich/wir möchten...
...drei Dooch bleim...	..drei Tage bleiben...
...ferra Nächdla...	...für eine Nacht..
..a Wochn...	...eine Woche...
Dä Schlissl	Der Schlüssel
Hobbder an Obadzdn in der Minibar?	Verfügt ihre Minibar über ein hierzulande typisches, streichbares Käsegemisch?
Wos/Wäi vill sollsn nachderd kosdn?	Was/Wie viel soll es denn nun kosten?
Is Fräischdigg	Das Frühstück
Ohmdessn	Abendessen
Gebägg	Gepäck

Das Auto

Wo konnin ... leiha/miedn?	Wo kann ich ... leihen/mieten?
rechds	rechts
lings	links
grodaus	geradeaus
riggwädds	rückwärts
Ambl	Ampel
Volldangn bidde!	Volltanken bitte!
Iich soucherd (aweng) a Dangschdelln...	Ich suche eine Tankstelle.
Is des waid?	Ist es (noch) weit?
Binni dou richdich nouch...?	Bin ich da richtig nach...?
Kenndn`S mer nedd helfn?	Würden Sie mir bitte zur Hand gehen?

Dou is wos hie am Audo.	Ich habe eine (Auto-)Panne!
zammfliggn	reparieren
Wou isn däi nexde Wergschdadd?	Wo bitte ist die nächste Autowerkstatt?
Däi Schdroos is gschbädd!	Die Straße ist gesperrt!

Als Alternative zum Auto ist die U-Bahn Nürnbergs durchaus zu empfehlen. Wundern Sie sich jedoch nicht, wenn Ihnen dabei der Begriff „Baumzug" unterkommt. Dieser bezieht sich auf die Linie U3 und deren englische Stationsansage „Line tree train…". Das englische „ti-eitsch" war offenbar nicht die besondere Stärke der Sprecherin.
Also: U-Bahn U3 = Baumzug.

Verkehr (öffentlich)

aischdaing	einsteigen
auschdaing	aussteigen
umschdaing	umsteigen
Bidde zuriggdreedn!	Bitte zurücktreten!
Iich mäiserd an... auschdeing.	Ich müsste an... aussteigen.
Welcher Bus/Schdrambas/Schd rasserboo/Ubohn fährdn noch....?	Welche(r) Bus/ Ubahn/ Straßenbahn fährt nach...?
Däi Bläidl vo der Vaugeen gräing des a nemmer hie mid däi Laudschbrecher.	Die VGN-Lautsprecher- durchsagen sind höchst unver- ständlich.

Restaurant & Kulinarisches

Wäddschafd!	Herr Ober!/ Bedienung!
Zohln bidde!/Ich däd gern aweng zohln!	Zahlen bitte!
Des Fleisch häddi gern gscheid durch, gell?	Das Steak bitte well done!
Iich hädd gern aweng a Schbeisekaddn.	Ich würde gerne die Menükarte studieren.
Iich hädd aweng an Hüngerla.	Ich habe Hunger wie ein Wolf!
Iich hobb an Doschd!	Mich dürstet!
Hindnooch aweng a Schbebsla!	Zur Verdauung bitte einen Schnaps.
Wenner ka Schaiferla mehr hobbd, gräichi Broudwerschd.	Was würden Sie empfehlen?
Messerla	Messer

Gobel	Gabel
Leffl	Löffel
Glos	Glas
Dellerla	Teller(chen)
Söösla	Sößchen
Vuurschbeis	Vorspeise
Nochschbeis	Dessert
Es Ais	(Speise-) Eis

(Vorsicht beim Bestellen von Eis!
Waffel bedeutet im Fränkischen auch „Schnauze"
oder „Fresse". „Ich hätt gern drei (Kugeln) in der
Waffel(-tüte)" mag situativ eventuell missverständ-
lich sein).

Ranznschbanner	üppige Portion (spannt den Ranzen/Bauch)

Gibt´s nicht nur im Weggla aber immer göttlich im Geschmack – die Nürnberger Bratwurst auch in (hohen) Dosen.

Speisen (dübbisch & legger)

Der Glos	Der Kloß
Däi Gniedla	Die Klöße
Glos mid Soß	Kloß mit Soße

(Seit sich die vegetarische Bewegung in Franken erstaunlich gut etabliert hat ist "Glos mid Soß" eine Alternative in fränkischen Restaurationen, für Genießer, die es gerne ein wenig leichter mögen. Trotz der Fleischfreiheit gilt der "Glos-mid-Soß-Esser"als gesellschaftlich vollständig integriert).

Schweinsbroodn	Schweinebraten
Schaiferla	„Schäufelchen", Fleisch vom Schulterblatt des Schweines
Schdaddwoschd mid Musigg	Stadtwurst mit Essig-Zwiebel-Dressing

(Es ist nicht ganz auszuschließen, dass mit der "Musigg" die Töne gemeint sind, die als Folge erhöhten Zwiebelgenusses auftreten. Andere Erklärungen wieso es "...mit Musigg" heißt waren nicht zu finden.)

Obadzder	„Angepatzter", Streichgemisch verschiedener Käsesorten

(Die Quellen sagen, früher hieß das auf Fränkisch „Grubfder", also Gerupfter", bis man das bayerische "Obatzder" adaptierte. Wieso? Mit Sicherheit ein Infiltrationsversuch seitens des BLG, des bayerischen Lingual – Geheimdienstes.)

Graud	Sauerkraut
G`hägg	Bratwurstgehäck, ähnlich Tatar

(Sehr leckerer Brotaufstrich, je nach Darreichung so etwas Ähnliches wie Tatar, was fränkisch gesprochen Außerfränkischen wiederum nicht vermittelbar ist – Dada?")

Salädla/Salod	Salat
Karbfm	Karpfen

(Broud-) Woschd (Brat-) Wurst
(Gerade Mittelfranken verfügt über ein veritables Angebot an unterschiedlichsten Wurstvarianten. "Des is mir fei Woschd" ist wohl auch deshalb ein

häufg gebrauchter Begriff. Nicht auszuschließen,
dass er seinen Ursprung in Franken hat.

Sembft	Senf („haddes D"!!!)
Blädderdeigdaschn	Blätterteigtaschen, schmeckt gut und trainiert die Aussprache.
Düüdnsubbe/ Düüdnsübbla	Tütensuppe

Gastronomische Reklamationen:

Dein Blembl kosd selber saufm.

Herr Wirt, ihr Getränkeangebot genügt meinen Ansprüchen nicht.

Wennsd däi Weggla am Buudn hibrellsd, hupfns naaf bis an´d Deggn!
(Diesen Ausspruch hörte der Autor selbst in einer Bäckerei.)

Die Brötchen sind alt und hart!

Edz hullermer-amol aweng an Gschdäfdsfierer!

Den Geschäftsführer bitte!

Es nexde Mol bringsd mer a gscheide Bozion, nedd asua Grangnschdiggla.

Die Portion hat nicht ausgereicht!

(„Grangnschdiggla" ist ein Stück mageres Fleisch, wie es Krankenhauspatienten bekamen, damit der Magen nicht zu sehr belastet wird. Die bildhafte Ausdrucksweise unterstreicht einmal mehr, dass es im Fränkischen an allem mangeln darf, aber keinesfalls an der Größe der Essensportionen.)

Zu Trinken:

Roudwain/an Roudn	Rotwein
Bäier/Bier	Bier
A Gläsla	Ein Glas..
- Orandschnsafd	- Orangensaft
- Schbeezi	- Spezi (Cola-Limo-Mix)
Kabbudschino	Cappucino
Draumsafd	Traubensaft
Schnebsla	Schnaps/Obstler
Koggdäil	Cocktail
Degila	Tequila
Weizn	Weissbier
Marillnligör	Marillenlikör

A Seidla Dunglz – a saubers Schdöffla!

Flirt & Kontakt

Iich mooch di fei...	Hallöchen schöne Frau...
Bisd fei a gscheid Hübsche...	Na, was haben wir denn da für eine Hübsche...?
Wäi haasdn na dou?	Wie heißt Du denn?
Hoggsdi aweng mid her?	Setzt Dich doch ein wenig mit zu uns!
Hubferla	Quickie
Bumbl (umgangssprachlich)	primäres Geschlechtsorgan (weibl.)
Gießer (umgangssprach-lich)	primäres Geschlechtsorgan (männl.)
Gäh her, machmer aweng a Hubferla?	Aufforderung zum Quickie, ersetzt gelegentlich das Vorspiel.

(Diese unverblümte und meist recht uncharmant vorgetragene Wunschvorstellung lässt sich nicht auf die fränkische (Männer-) Kultur alleine reduzieren. Mehr oder weniger finden wir Derartiges in allen Kulturen, jedoch häufiger im Bierzelt oder ähnlich, meist alkoholbedingt, eher etwas niveaureduzierten Bereichen.

Ferner muss an dieser Stelle angemerkt werden, dass der Franke das Wort „Hubferla" entwickeln musste um phonetische Ausspracheklippen wie „bimbern", „bobbm" oder „Gwiggie" zu einigermaßen gesellschaftstauglich zu umschiffen.)

Vuurschbill	Vorspiel
Edz hodders oobrennd!	Sie ist schwanger von ihm!
Dribber	Gonorhoe

("Dribber" wurde hier legdiglich aus Gründen der Aussracheübung aufgeführt. Um touristischen Hypochondern die Anspannung zu nehmen:
Die Krankheit gilt auch im Frankenland als besiegt).

Goldschdiggla	Kosename „Goldstück"

Matz	freches Ding, Mädchen mit angewendet hoher Schlagfertigkeit.
Schneggla	Kosename „Schneckchen"
Schleich di!/ Verschwind! Schau blouß dassdi schleichsd!	Ablehnung eines Flirtangebotes
Wou isn dou däi nexde Disgo?	Wo finde ich denn die nächstgelegene Discothek?

(Eine Lokalität, die für die Kontaktfreude ihrer Besucher bekannt ist, wird gerne mit „Hin- & Mid- Schubbn" umschrieben. Lehnt sich weitläufig an die Werbung einer früheren Möbelhauskette an die Hin & Mit hieß. Konzept: Hingehen, etwas mitnehmen).

Sonstiges & Nützliches

Wou isn....?

Wo finde ich...?

Mir is fei nedd goud.

Ich fühle mich nicht wohl

Herr Doggder, mich hodds gschbaid.

Herr Doktor, ich musste mich übergeben.

Doudsder dou wäih?

Tut es ihnen hier weh?

Zäich di/Zäing ser Si amol aus.

Zieh Dich/Ziehen Sie sich bitte aus.

Kooder

Kopfschmerzen (alkoholbedingt, sonst männliche Katze).

Welche Abodeng hoddn in der Nachd nu aaf?

Welche Apotheke hat Nachtdienst?

Dädn´S mer des bidde aafschreim?

Würden Sie mir das bitte notieren?

Momendla!

Augenblick bitte!

Kenndn´S bidde aweng langsamer schbrechn?

Sprechen Sie doch bitte etwas langsamer!

Aldernadiv deudlicher: Nedd asu schnell, Doldi!	Alternativ deutlicher: Nicht so schnell, Torfkopf!
Ja/Jou.	Ja. (zustimmend)
Naa/fei wergli nedd.	Nein. (ablehnend)
Hilfe, helfd mer hald	Zu Hilfe!
Iich haas/bin…	Ich heiße/bin…
Wäi haasd…?	Wie heißt…?
Wos kosdn…?	Was kostet…?
Doileddn/Abodd	Toilette/Abort
Ich schbrech fei ka Frängisch.	Ich bin des Fränkischen nicht so mächtig.
Dange.	Danke, Dankeschön,
Bidde	Bitte, Bitte sehr,
Bideee?	Wie bitte? (ungläubiges Erstaunen)
Des doud mer fei laid/Endschuldichung	Tut mir leid, Entschuldigen Sie bitte.

Brösderla, Brosd!	Prost, Zum Wohl!
Schbrechn´S nedd aweng Bayrisch/ Sächsisch/ Schwäbisch?	Bestünde eventuell die Möglichkeit auf Bayrisch/Sächsisch oder gar Schwäbisch zu parlieren?
No mehra	Noch mehr, (bitte)
Aweng wenger/ Nedd asu vill, bidde!	Etwas weniger bitte.
Hä?	Ich habe das nicht verstanden, wie bitte?
gnouch	genug
Wäi schbeed isn/ hammersn?	Wie spät ist es?
Offm/zou	Geöffnet/Geschlossen

Im Stadion beim 1.FCN

Schäiß hald, dou Debb!

Mach die Pille endlich rein!

Draamhaberder Doldi, dou schbilld ja däi Reserv´ von unserer Feierwehr besser!

Verschlafener August, da spielt ja die Reservemannschaft unserer freiwilligen Feuerwehr besser!

Dou leffd ja a Blinder mi´n Grüggschdogg schneller wäi der!

Selbst ein extrem Kurzsichtiger liefe schneller als er.

(Um nicht zu sehr in Schimpfwortkategorien abzugleiten, beenden wir hier diese Zusammenstellung. Eigenstudium im Frankenstadion empfohen.
Hier der Fangesang der am häufigsten ungehört verhallt:
„Aaf gäids, Nemberch schießd ein Door, schießd ein Door, schießd ein Dohohor!")

Zahlen & Tage

Zohln	Zahlen
aans	eins
zwaa	zwei
drai	drei
väier/viier	vier
fimpf	fünf
sex	sechs
siem	sieben
achd	acht
nain	neun
zeh	zehn
vädzeh	vierzehn
neinzeh	neunzehn
zwanzg	zwanzig

fäzg	vierzig
fuchzg	fünfzig
neinzg	neunzig
zwaahunderfim-bferzwanzg	225
dausnd	tausend
zwaamillionasiemhun-derdsexafuchzgdausnd zwaahunderdsexa-dreisg	2 756236
A Haafm	ein Haufen, sehr viel
vill	viel

Dooch	**Tage**
Mondooch	Montag
Diensdooch	Dienstag
Middwoch	Mittwoch
Dunnerschdooch	Donnerstag
Fraidooch	Freitag
Samsdooch	Samstag
Sundooch	Sonntag
Faierdooch	Feiertag
Vurmiddooch	Vormittag
Nammidooch	Nachmittag
Nachd	Nacht
haid	heute
morng	morgen

Shoppen

aikaafm	einkaufen
(Blasdigg-)Düde	(Plastik-)Tüte
Des mecherdi…	Ich möchte das…
Des gfälld mer…	Das gefällt mir…
Des nehmerdi…	Ich nehme es…
Z´daier	Zu teuer
billicher	billiger
Sonderangebod	Sale/Sonderangebot
G´lumb (vareggds)	(verdammter) Mist/Müll, schlechte Ware, wörtl.: „Gelumpe"
Nehmer Si ara Gredidkaddn?	Kann ich hier mit Kreditkarte bezahlen?
Bliesla	Bluse

Hiesla	(Unter-)Hose
Huusn	Hose
Hemmerd/ Hemerdla	Hemd
Diischerd	T-Shirt
Jaggn/Jäggla	Jacke,
bleide	pleite, nicht kreditwürdig
Wolwerd	Woolworth (Modehaus)
Schnäbbla	Schnäppchen/ Sonderangebot

Vokabeln

A	**A**
aafbassn	aufpassen
aafbumbm	sich aufregen, etwas aufblasen
Aafgschau	Aufsehen (unangenehm)
aafschdäi	aufstehen
Aamerla	Eimerchen
Aboddeggl	Klosett- (Abort) deckel
Abodd	Abort, Toilette
Abodeng	Apotheke
Acherla	Eichhörnchen
Ade/Adeela	Adieu, Auf Wiedersehen
Alde Haggn	Alte Hacke, Alter Hut

Alles baleddi	Alles paletti, alles in Ordnung
allans	allein
Allmächd!	Grundgütiger!, Oh mein Gott !
Albmühlbode (Tageszeitung)	Altmühlbote (Tageszeitung)
amend	am Ende
Auch	Auge
ausbraadn	sich ausbreiten
Auweiala!	Oh weh!
Ärschla	Hinterteil

B

Babberdeggl	Pappendeckel, / Pappe,
Badndande	Patentante
Badscher	Spleen, Macke
Badscherla	Kinderhände
Baggers	Kartoffelpuffer
barduu (partout)	unbedingt
Baraid	Bayreuth (Stadt)
Bäbbm	Lippenherpes
Bäiderla	Petersilie
Berchnaafbremser	widersinnig Handelnder
bermanend	permanent, andauernd
benzn	auf etwas beharren

belfern	schimpfen
Bengertz	Pegnitz
berschdn	bürsten
Bfannerkoung	Pfannenkuchen
bfliedschn	weinen
bfobfern	meckern
Bfruudschn	missmutiges Gesicht
Bichsla	Büchse, kleines Mädchen
bimberlaswichdi	etwas überaus wichtig nehmen
Bißgurn	böse, alte Frau
Bladderder	Glatzkopf

(auch „a Bladdn hoom"; Menschen, die haarwuchstechnisch herausgefordert sind, haben es nicht leicht. Auch im Fränkischen werden sie gelegentlich Opfer unsensibler Scherze:
„Is des a Fesdbladdn odder wäxd dou nu wos?")

Blädderdeigdaschn	Blätterteigtaschen, (Übungswort!)
blägn	laut weinen, schreien, Subst.: schrille Frau
Bläide Sunna	Dumme Kuh
Blärrmaigl	Schreihals
Blebberla	Aufkleber, Etikett,
Blechbaddscher	Flaschner, Karrosseriebauer
Blembl/Gsief	Brühe, übles Getränk
bloung	plagen, anstrengen,
Blummer	Blumen
Blummerscherm	Blumentopf
Bolandi	Untergebener
Bohuuf	Bahnhof
Bodaggn	Kartoffeln

Bobberla	Säugling
Bobbers	Hinterteil, Popo,
Booder	Friseur/Bader
Boodwanner	Badewanne
Bosbod	Postbote

Anmerkung:
(Konsonant „D" in der Wortmitte von „Bos(d)bod fällt hier einer Verschleifung unter Missachtung des weichen fränkischen „D" zum Opfer)

Bou	Knabe

braadoarscherd   „breithüftig"
(Ein wenig schmeichelhaftes Adjektiv, so es Verwendung findet. Siehe auch: „Oarsch wäi a Brauereigaul".)

(Veschber-) breddla	(Frühstücks-)brettchen
Brechodlmannsquaadschn	tollpatschige, beleibte Frau, Karte beim Schafkopf
bredschn	schnell laufen/fahren

Breller/Blädderer/Lagg /Seier	Rauschzustand (Alkohol)
bridscherbraad	sehr breit,
Bridschn/ Bridschla	Miststück, junge Frau mit non-konformem/ losem Lebens-/Sexualver-halten)

(Eine „Fleischbridschn" ist demnach, umgangs-sprachlich, eine Fleischereifachverkäuferin, die man letztens etwa nach einer wilden Disconacht zu Gast hatte.)

Brillnedwi	Brillenetui
Broudwoschd (Pl.: -weschd)	Bratwurst (Pl.: - würste)
Brunzgässla	enge, schmutzige Gasse
Brunzkaddler	Reservespieler für Pinkelpausen
Brunzkiebl/ Bodschamber	Nachttopf

bsuffn	betrunken
Buddla	Huhn
bugglerde Verwandschafd	die buckelige Verwandtschaft
Bulmers	Kopf

C

C

Hammer nedd, braung mer nedd und gräing mer a nemmer rei!

Wird im Fränkischen komplett durch „Z" ersetzt.

(Somit kann festgestellt werden, dass das Fränkische nach „T" und „P" auf einen weiteren Buchstaben verzichten kann.)

D (waiches)	**D**
Daabschwädzer	Dummschwätzer
Daachgniedscher	Bäcker („Teigkneter")
Dabbm	Hausschuhe, Pantoffeln
dadschn	kurz berühren
dalcherd	tollpatschig

(Diese Wortentwicklung nimmt uns nicht Wunder. Schließlich ist „tollpatschig" nun wirklich kein Wort, das einem Franken zumutbar wäre. Siehe auch: Sprachregeln eingangs.)

Daumschlooch	Taubenschlag, Hosentürchen
Debbich	Bodenbelag
Deez	Kopf (v. frz. Tete)
Dellerla	Tellerchen

(Wundervolles Übungswort für das labiale „L". Und falls Sie „Schneedwiddla" sind und von einem fränkischen Zwerg gefragt werden: „Wer hoddn na dou von main Dellerla gfudderd?")

Deooder	Theater

(Kann aus dem Satz heraus auch so verwendet werden: „Moggsd an Deoder an Kaffee?" Alzo, aweng Obachd, gell?)

derbaggn	verkraften, aushalten
derbräisln	verunglücken
derhuzn	sich überschlagen, sehr beeilen
Dib dob Dyb	Tiptop Typ, famoser Kerl
Dibblbrouder	Landstreicher
Diesch	Tisch
Dodschn	Dummerchen
Doldi	Trottel

Dolln	Dummes Frauenzimmer
Dordn	Torte
dordn	dort/dorthin
Drei im Weggla	Drei Nürnberger Bratwürste im Brötchen
Dremberla	Flohmarkt
draamhaberd	schwer von Begriff, verschlafen
Drähdlaszäicher	Elektriker
drenzln	kleckern
druggng	trocken
Druudschn	langweiliges Wesen

(„Däi kummd a nemmer in die Gäng, däi Druudschn!" – „Die kommt auch nicht mehr aus dem Quark, das langweilige Wesen.")

Dullnraamer	Kanalarbeiter
duushärerd	schwerhörig
Duuslbegg	Glückspilz

E   **E**

edzerdla, edz	jetzt
Egidann	E-Gitarre
Eierbloodz	Eierspeise
eingli	eigentlich
eiwaang	einweichen

F   **F**

Fangerlenz	Fangen spielen
Farm	Farben
Fäiß	Füße

fei	(etwa) aber
Der Fernseh	Fernsehapparat

(als Ausnahme unter den „la"-Verniedlichungen am Wortende hat sich „der Fernseh" fest etabliert. Die ansonsten übliche Wortendung entfällt komplett und ersatzlos und orientiert sich dabei an Dialektstrukturen, wie wir sie unter anderem im Ruhrpott finden. Dort gilt es als völlig normal sogar ganze Satzendungen wegzulassen:
„Kann ich noch Wurst (bekommen)?").

Filderdüde	Filtertüte
Fiesch	Fisch
flaggn	sich hinlegen
Fleischkäichla	Boulette, Frikadelle
Fohna	Fahne/Mundgeruch
fräiers	früher
freggn	sterben, kaputt gehen,
Fodzn/fodzn	Prügel/prügeln

foosernaggerd	splitterfasernackt
Fregger/Freindla	Gör/Range/Früchtchen
Frooch	Frage
Fruusch	Frosch
Funzl	trübe Lampe

G

G

Gaafer	Speichel
Gaggerla	(die) Eier
Gambl	Steinschleuder auch Toreck beim Fußball
gaschdich	garstig
Geing	Geige
Gelberroum	Karotten

Gerschdla	geringe Ersparnisse
gell?	bestätigend, „es gilt".

(Gell? - Einsatzgebiet entweder Satzanfang oder – ende. Gelegentlich auch Füllcharakter.)

Gfred	Plackerei
gfreggd	verendet

(Der Franke „gfreggd gern halmi" um den Zustand größter Erschöpfung zu umschreiben. Trotzdem ist er nicht tot, wenn er zum zweiten Mal „halmi gfreggd".)

Gischbl	Dummer Kerl
Glodzer	Augen
Glooschermfäddl	miese Gegend
Glubberer	Clubfan, - spieler des 1.FCN
Glubscher	Augen

144

Glusderer	Appetitt/ Gelüst haben auf...,
Gmaadebb	Dorftrottel
Gmaadogler	Gemeindearbeiter
Gmäis	Gemüse
Gmerg	Gedächtnis
Gnaunzn	weinerliche Frau
Gnädzla	Brotanschnitt
Gnäifießl /Taglöhner	kleinlicher Mensch
Gnäirudscher	ein Frömmelnder
gnäschig	heikel sein, etwas nicht mögen
Gnobbern	starrköpfiges Kind
gnouch	genug
Gniedla	Kloß

Gniedlaskupf	starrsinniger Mensch
Gnooschbaidl	zickiger Mensch, der nicht alles isst
goochern	suchen, stöbern
Graffl	unnützes Zeug
Graudwiggerla	Krautwickel, Kohlrouladen,
Grawidschgo	schlampige Arbeit
Graicherds	Geräuchertes
Grangnschdiggla	Krankenstück, mageres Fleisch

(Siehe Seite 119/120: „gastronomische Reklamationen")

Graudschdampfer	dicke Beine
Greinmaicherla	Heulsuse, weinerliche Person,
Gribbl	boshafte Person

Grischberla	schmächtiger Mensch
Griskindla	Christkind
Griskindlasmargd	Nürnberger Christkindlesmarkt
Groong	Kragen, Hals
Gruubfbindla	Krawatte
Gschdechla	Wortgefecht
gschdreggsderlängs	der Länge nach
gscheggerd	buntkariert, „schadenfroh"

Anwendungsbeispiel:
(„Dou hodds den hiighaud am Gladdeis, des hodd asu bläid aasgschaud – mir ham uns gscheggerd glachd!"; also wenn man sich schadenfroherweise über jemanden höchst köstlich amüsiert.)

Gschnuufri geem	jemanden beachten
Gschwaddl	Menschen mit schlechtem Ruf
Gsodder	Gemeckere

Gwaaf	Gerede
Gwedschn	Ziehharmonika
Gweggng	Unkraut
Gwerch	Trubel, Lärm,

H

H

haadschn	schwerfällig gehen
Haldeschdelle Hallerdoor	(Straßen-) bahn Haltestelle Hallertor in Nürnberg,

(Letzteres nur der Übung halber aufgeführt.)

Hai	Heu
halmi	halb

(Obachd! Nicht zu verwechseln mit dem beliebten Brettspiel!)

Haggerla	Milchzähne

Haumdaucher	Haubentaucher, auch Tollpatsch,
Hä?	Wie bitte?
Händscher	Handschuhe
Häich	Höhe
Heedschln	Auf Eis rutschen
Hedscher	Schluckauf

(Bei der Aussprache empfiehlt sich die Orientierung am Englischen: „Hedge-Fonds")

Hedscherbäider	Umstandskrämer
Hefdlasmacher	Nadelmacher
Heigeing (Heugeige)	Großer, schlaksiger Mensch
Heichdl, Sefdl,	Dummkopf
Herzkaschber	Herzanfall
Higgers	Kosename f. Kleinkind

hiebabbd	angeklebt
Hiedschn	Kröte
Hiesla	Höschen

(Neuhochdeutsche Begriffe wie „Schdring" oder „Dessuhs" tauchen im Fränkischen noch recht selten auf.)

Hirnheiner	Dussel
Hobberla	Hoppla!
Hoodern	Lappen
Houchwasserhuusn	(zu) kurze Hose
Housdn	Husten

(Spaßvögel hört man ab und an sagen: "Housdn, mir ham a Broblem!")

horng	horchen, hören

<u>*Anmerkung:*</u>
(„Horchamol" oder " Horng´S amol", am Beginn eines Satzes deutet darauf hin, dass der Sprechende es ernst meint. Oft auch als Anrede an Unbekannte.)

hundschdaamäid	sehr, sehr müde

(eigentlich „hundssteinmüde" – eine sinnfreie Zusammensetzung verschiedener Worte, die jedoch das hohe Ausmaß der Ermüdung gut verdeutlicht. Eine Kirchweihband im Nürnberger Umland nennt sich in Abwandlung dessen „Dog Stone Tired")

hubferd	nervös

(Das „Hubferla" würde man neudeutsch mit „Quickie" übersetzen. Auch ein spontan ausgeführter Sexualakt ist ja öfter von einer gewissen Nervosität geprägt.)

Hubfla	Abk. Heil- und Pflegeanstalt
Hudzl	getrocknete Birne
Hulzglabber-schou/ Hulzglabberer	Pantinen, Holzpantoffeln
Hulzkaschber	Kasperlpuppe aus Holz
Hulzkulln	Holzkohlen
huschern	frieren

I

I	**I**
Ingreisch	Eingeweide
iiwerhabs	überhaupt
Is/es	das

(Das „Ü" wird im Fränkischen meist durch „I"
ausgedrückt.
Je nach Betonung einfach oder doppelt.
Zum Beispiel:
iiberhabs nedd – überhaupt nicht;
Iibergang – Übergang;
Ausnahme: Vergnüüchn.)

J

J	**J**
joahradooch	jahraus, jahrein

K	K
Kaff	kleines Dorf
Käbbi	Mütze, Kappe
Kälbla (*Übungswort!*)	Kälbchen,
Käskoung	Käsekuchen
Keeslaabla	bleicher Mensch („Käseleibchen")
Kerichdbauern	Müllarbeiter
Kerschbläi	Kirschblüte
Kiddlwascher	Regenschauer
kobberneggisch	komisch, seltsam,
Kuddnbrunzer	abfällige Bezeichnung für Mönch
Kulln	Kohlen

L

L	L
laamer	leimen
Laddern (betont: a)	Leiter
Laddern (betont: e)	Laterne
Laingwoongbremser	Mann ohne Beruf /Funktion
Lamellnrollo	Lamellenjalousie
Lausrechng	Kamm
Läbberi	Schlamm/Lehm
läiber	lieber
lädscherd	weich, labberig
Lädschn zäing	beleidigtes Gesicht machen
Lebkoung	Lebkuchen, trad. Süßspeise

laichdn	leuchten
Leich	Beerdigung
Leid	Leute
loun	lassen

(Konjugation von „loun": siehe auch Rubrik Sprichwörter: „Vor lauder loumi a miid")

lumberd	lumpig, schadhaft
Lumbers	Spitzbube
Lumbmsammler	Lumpensammler, letzte Straßenbahn/ letzter Bus

(Die Bedeutung „letzte Straßenbahn/ letzter Bus" steht für Nachtschwärmer, die mit der letzten Bahn/Bus nach Hause fahren.
Neuhochfränkisch: Neidleiner.)

Luuch	Loch

M   M

Madlasgoogerer — gerne flirtender Mann

(„Mädchensuchender" im Sinne von „notorischer Aufreißer")

Malefizbrandsulln, (verschwidzde) — übles Schimpf-wort für Frauen

masdergschäfdi — betriebsam

(sinngemäß wohl: der Meister der Geschäftigkeit)

Mausdreeg, aafgschdellder — Angeber

(wörtlich: „aufgestellter Mäusekot" – wer braucht noch mehr Beweise für die Bildhaftigkeit der fränkischen Sprache?)

mäid — müde

Meichala — naive Frau

(In Verbindung mit „Grein-„ wird die naive Person zur Heulsuse)

Mezzlsubbm — Wurstsuppe

mier	mir
mier	wir
Misdn	freches Frauenzimmer
Moongdredzerla	kleine Kostprobe
Moosbüffl	spöttisch für Oberpfälzer
mou/mäin	muss/müssen
Muggnbadscher	Fliegenklatsche
Mumbfl	missmutiges Gesicht ziehen

N

naaf	hinauf
Nämbercher Gwerch	spezieller Fleisch- und Wurstsalat in Nürnberg, Grundlage: weißer, roter Preßsack und Hausmacher Stadtwurst.
neideifln	mit Worten auf jn. einhacken
neiglebbern	verquirlen
Neigschmeggde	Zugereiste

(„Hineinschmeckende" auch Touristen, halt „kanne vo dou" = Auswärtige)

neileichdn	übermäßig trinken (Alkohol)
neischbachdln	übermäßig essen
neiwärng	hastig essen
nerblouß	„nurbloß"

(zusammengesetzt aus „nur" und „bloß", dient als doppelte Verminderung „ich wollte doch nur…" mit untergeordneter Bedeutungsrelevanz)

nissi/nissich	eigensinnig
niiber	hinüber
noochkaddln	nachtragen, nicht auf sich beruhen lassen
Noosnzwigger	Ahornsamen, den sich die Kinder auf die Nase kleben
noucherdla	nachher
noudi	ärmlich, geizig (nötig)
nunder	hinunter

O

oardli/ goldich	niedlich

(man ziehe das „oa" von oardli je nach Niedlichkeitsfaktor in die entsprechende Länge. „Mei, is das ooooaaaaadli!")

Oarsch	Arsch
- baggngsichd	Vollmondgesicht
- ballong	Fußtritt, Zielort: Hinterteil
- gradzer	Schleimer
- mannskoarla	Schimpfwort für dumme Männer
- luuch, bläids	*****Schimpfwort
Obachd	Vorsicht!, Achtung!
Obadzder	Camembert/Ei/Käse Mix, Brotaufstrich

obrenner	anbrennen, schwängern
Obstleri	Marktfrau (Obstverkäuferin)
odou	sich Sorgen machen

(Ein gutgemeinter fränkischer Ratschlag lautet: „Dou di hald nedd asu oo." Hochdeutsche Entsprechung etwa: „Steigere Dich doch nicht so hinein.")

Oggsnauch	Spiegelei
oogschmoochd	eingebildet, wählerisch, hochnäsig
oläing/ooglung	anlügen/ angelogen
ooschäim	anschieben
oozulln	abnagen_

B (hadd)   P

Siehe unter „B" („waiches")

„Was wollmern na dou?
Wos hammern vurin iiber däi Konsonandn glernd?
Glei nummol noochschauer, am Ambfang, gell?"

Q   Q

Siehe auch unter „G".
Sämtliche Q-Worte werden mit „Gwe" frankophon
kompensiert.
Beispiele:
„Gwendin Darandino" (Filmregisseur),
„Gwellwolgn" (Quellwolken),
„Gwissschou" (Quiz-Show)
„Gwidde" (Quitte, Frucht).

R

Raadschkaddl	redseelige Frau
radzerbudz	ratzeputz, ganz und gar
Raffgalln	gieriger Mensch
Razzerfumml/ Radzger	Radiergummi
Raubauz	herber Mensch
Reggla	Röckchen
Rembfdla/ Gnädzla	Brotendstück
Rewolwergoschn	jemand der schnell und viel redet
Roawern	Schubkarre
Roggnroll	Tanzstil
Rolloo	Jalousie
Rood	Rad

roud	rot
Rossbolln	Pferdeapfel
rumgraudern	sinnlos herumkramen
Rumzuuch	Streuner, lebens-bejahender Mensch

(hier fanden wir im Umfeld des Autors die multilinguale Kombination:
„The godfather of Rumzuuch")

Russla	Hund (Schnauzer)

(...aber auch sogenanntes „Ballnrussla", der Nachwuchskicker, der den Profis den Ball holen darf und diesem so hinterherjagt wie der Hund dem Stöckchen.)

Ruuzleffl	ungezogener Junge (Rotzlöffel)

S

Sai (Däi) (sing. Däi Sau)	Säue, Schweine
Sangd Nimmerlasdooch	Sankt Nimmerleinstag (niemals)
Salongschleicher	elegante Schuhe

(Leicht abfälliger Unterton. Lässt eine Grundskepsis des Franken gegen die oberen Zehntausend, „däi Geldichn", unterstellen.)

Schabberglagg (Chapeau claque)	Faltzylinder

(Französische Entlehnung, lautmalerisch ans Fränkische angepasst. Sprachliche Not macht erfinderisch: der Franke ist als Fremdsprachler nur mittelmäßig begabt, was auch an der Verwechslungsgefahr vieler fränkischer Vokabeln mit dem Englischen liegen mag.)

Schbarchers	Spargel
schbechdn	auf etwas aus sein
schbeier	sich übergeben

Schbeikisdla	kleines Zimmer
Schbigger	Dart
schbilln	spielen

(sehr wichtig: „Wäi hoddn der Glubb gschbilld?)

Schbinodwachdl	Spinatwachtel
Schbisserla	dünner Mensch
schbodzn	spucken
Schbruuz	Schlückchen
Schdeeg	Steak
Schdeggerla-	„Stöckchen-…"
- sbaaner	dünne Beine
- seis	Eis am Stiel
- hulln	holen,

Hundebefehl:
„Hulz Schdeggerla"

- swald	Wald rund um Nürnberg, (wegen hoher Stämme und kümmerlicher Benadelung
schderberdsgrang	todkrank (ironisch)

(„Edz hoddersi an Kuubf aweng oghaud, edz isser glei widder schderberdsgrang.")

Schdrasserboo	Straßenbahn
Schdäfferla	Stufe

(eigentlich unnötige Verniedlichung, aber typisch fränkisch großzügige Anwendung des „-la"; „Mir schdelln uns hald ned mid andere Dialeggde aaf a Schdäfferla!)

Schdernlaschbeier	Wunderkerze
Schdobfer	Kartoffelbrei

(führt unter „Neigschmeggdn" immer wieder zu Erklärungsbedarf ob der mutmaßlich fremden Nahrung.
Beruhigung tritt ein, wenn die Bestandteile geklärt sind, was jedoch gleich wieder zu Sprach- und

Dialektvergleichen beim einzelnen Wort führt:
Kartoffeln, Bodaggn, Erdäpfe`, Erdbirra...)

schdrimbferd	strumpfsockig
schebbern	klappern

(*„Haid binni in a Radarfalln neigfohrn." "Und, hodds*
blidzd?" "Na, gschebberd!")

Schebbl	Haarschopf
schebs	krumm, schief
schiffm	Wasser lassen
Schisslameng	Kleinigkeit,
schissmansgräi	scheußlicher Grünton
Schlebbern	Mund
Schleich di!/ Verschwind!	Hau ab! Verschwinde!
Schleifschdaakieberla	Behälter zum befeuchten des Schleifsteines

Schloachroam-dambfer	Ausflugsboot, mit Rentnern

(„Schlagrahmdampfer", ob der vielen Torte verspeisenden Pensionäre an Bord. Weiteres, sehr schönes Beispiel für fränkische Sprachfantasie.)

Schloafhaum	Schlafmütze
schloong	schlagen
Schlumbl	schlampige Frau

(ausgezeichnetes Wort, um das labiale „L" zu trainieren. Vorsorglich Zunge mit Sonnenschutzfaktor behandeln!)

Schnalln	Hure, Gürtelschließe
Schnallnweeder	trübes, regnerisches Wetter
Schnalzn	dünne Suppe
Schneggla	Schnecklein (Kosewort)

(auch hier fährt Frau Fränkin dem balzenden Herrn Franken schon mal mit der Bemerkung, man sei weder klein noch schleimig, über den Mund!)

Schnerbfl	Wurstende

(Findet unter Männern auch als Beleidigung Verwendung, wenn es sich um den Vergleich der primären Geschlechtsmerkmale dreht.)

Schnorrnwasdl	Schnurrbartträger
Schofbemberla	Schafköttel
Schoofmeiler	Feldsalat
schoraxerd	tollpatschig

(Alternative zu „dalcherd", auch deshalb, weil „dollbadschig" für Franken einfach unaussprechlich ist, wie bereits bemerkt.)

Schrabnelln	bösartiges Weib

(eigentlich ist ein Schrapnell ein Bomben- oder Granatsplitter. Hinweis auf erhöhte Konfliktbereitschaft seitens der fränkischen Weiblichkeit? Wir meinen nein. So finden Sie zum Beispiel keine fränkische Entsprechung für „zänkisch", siehe unter

„Z"; außerdem macht die Kinder der Papst und den Playboy kauft man wegen der Texte und Cunnilingus war ein römischer Feldherr; siehe auch: Zumbfl, Ziebfm, Sulln und so weiter)

Schubfm	Schuppen
Schuddgiecher	Altwarenhändler/ Trödler
siemgscheid	altklug, neunmalklug

(Beispiel für fränkische Bescheidenheit: selbst altkluge Menschen sind hier nicht neunmalklug, wie im Rest der Republik, sondern eben nur siebengescheit.)

sechderne	solche
Soocherer	Redewendung, Sprichwort
sreengd	es regnet
Subbmkaschber	Suppenkaspar
Suggerla	Ferkel

Sulln	Schlampe
Suwoos, na!	Nein, so etwas (aber auch)!

D (hadd)   T

Siehe unter D (waich).
Aber aufgepasst:
debberder Debb wird nicht mit tepperter Tepp übersetzt!

U   U

Uierlaa!	Ausruf des Erstaunens
umananderferschn	schnell hin und her laufen, sich abhetzen, beeilen
umadum	„um und um" herum
Uufm	Ofen

V

V	V
verhunzn	verderben
verradzd	verraten, hilflos
verscherbln	verkaufen, losschlagen
vichiland	lebhaft
vollsuggln	kleckern
Veschberbreddla	Frühstücks-brettchen
Veschber	Pausen- oder Abendmahlzeit, hochdt.: Jause

(Man beachte die logische Verbindung zwischen „kleckern" und „Suggel" - Ferkel; auch hochdeutsch isst man wie ein Schwein oder benimmt sich wie ein Ferkel)

W

waafm	viel reden, neu-deutsch: „labern"
Waggerla	Kleinkind

(Der Autor selbst bekam im zarten Alter von fünf Jahren auf dem Nürnberger Christkindlesmarkt den sehr fürsorglichen Rat eines Bratwurstbraters: „Waggerla, gäi wech, dou brennsd di!")

wamberd	beleibt, korpulent,
Wambm	Bauch, Wampe
„Wäbbln"	Münzwurf Spiel
wäizau	„wie die Sau" ugs. unbedingt
webserd	unruhig
Wiechergaul	Schaukelpferd
Wiewerla	Küken, unwichtige Person

Wilzau	Wildsau, die
Pl.: däi Wilzai	Wildschweine
wisawi	gegenüber, (vis a`vis)
Wiss machen	Wasser lassen
Woschd	Wurst
Woongscheidla bsuffns	Betrunkener

X

X

Xanxverein   Gesangsverein

(Das mutmaßlich einzige Wort im deutschen Sprachraum, das mit zwei „X" aufwarten kann.)

Y

Y

Ibsilong – braung mir nedd in Frangn!

Z

Zabblfillibb	Zappelphillipp
zäicherd	zäh
zäing	ziehen
Zamberla	kleiner Hund
Zanger	Böses Weib, auch Zange (Werkzeug)
zammzilln	zusammenzählen
zammzubfd	geschmacklos gekleidet
zeichawoar	alles zusammen
zerrigg	zurück
zerschd	zuerst
Ziebfm	Zicke
(zamm-) gniedschn	(zusammen-) drücken/quetschen

Ziewerla	Küken
Ziewerlaskees	Quark
Zigareddnbärschla (windigs)	Halbstarker,,,windiges Zigarettenbürschchen"

(Heißt so, ob der pubertär zur Schau gestellten „Coolness" unter Zuhilfenahme von Rauchwaren und Lederjacken, der Mode der Jugendlichen , als in den 1950er Jahren der Begriff „Halbstark" aufkam.)

Zingng	große Nase
zweggerd	fest, fleischig,
Zooberschdla	Zahnbürstchen
Zoudegg	Bettdecke
Zumbfl	Schlampe
Zwedschgermennla	Zwetschgen-männchen, (Figuren aus getrockneten Zwetschgen)

Zwetschger	- Kleinkind
	- Schnaps
	- Frucht
Zwelfer	(um) zwölf Uhr
Zwiggl	Zweimarkstück

(vom Aussterben bedrohte Vokabel infolge der Währungsreform zum Euro.)

Fränkisch modern

Die hier aufgeführten Vokabeln sind dem Fränkischen quasi unfreiwillig zugeführt worden. Trotz leicht überdurchschnittlicher Skepsis allem Fremden gegenüber ist die fränkische Mundart durchaus offen für beispielsweise Anglizismen und anderes Vokabularium, das eigentlich im Fränkischen kulturell wie geographisch bedingt nicht vorkommt, etwa der *Andibasdideller* ("Antipastiteller"). Der Franke zeigt sich auch hier weltoffen.

Internationale Begriffe, hauptsächlich durch Internet (*"Indernedd"*), Gastronomie (*"Idaliener", "Dürge"*) oder Werbung (*"Draiwief-Oberfläche", "Dadsch Sgrien Händi"*) erlernt, werden ohne Zögern in den eigenen Sprachschatz integriert.

Man erkennt Neu-Fränkisches Vokabular unter anderem daran, dass bei dessen Entwicklung auf die leichte Konsonantenschwäche der Franken keine Rücksicht genommen wird *("Dwidder", "Bauer Boind Bräsendazion", Ihbäiber-Sabbod")*. Daher eignen sich diese Vokabeln hervorragend als Aussprachetraining!

Äbbedaiser	Appetizer, Häppchen,
Äbbl	Apple
Agwarellmalerei	Aquarellmalerei
Adelljeh	Atelier
Andibasdideller	Antipastiteller
Andilln	Antillen (Inselgruppe)
Badella-Sehna	Patellasehne
Basdellfarm	Pastellfarben
Bauerboind-Bräsendazion	Power Point-Präsentation
Bäz	(Kaffee-) Pads
Bellkadoffl	Pellkartoffeln
Bezeh/ Kombjuder	Personal Computer
Bliedsching	bleaching

Bobbilod	Bob-Fahrer
Bobdidan	Poptitan (Bohlen)
Bobularidäds-foschung	Popularitäts-forschung
Boljagrülbulli	Polyacrylpulli
Breimdeim	Prime Time (beste Sende-zeit/TV)
Brifju	Preview
Broggolisubbm	Brokkolisuppe
Budnmodadella	Putenmortadella
Bullmoll Bombom	Pullmoll-Bonbons
bungduell	punktuell
Delenowela	Telenovela
Dembodaschn-dücher	Papiertaschen-tücher, "Tempo"

Diicher-Daduh	tätowierter Tiger
Digged Süsdem	Ticketsystem
Domdom	Navigationsgerät
Draddoria	Trattoria
Drähner	Trainer
Däng Dob	Tank-Top ärmelloses Shirt
Duhldibbs	Tool Tipps (PC Funktions- hinweise)
Dschibb	(Computer-) Chip
Dwidder	Twitter (Internet- forum)
Eibäd	Ipad
Eibod	Ipod
Eis/Ais Daichers	Ice Tigers (Eishockey-Team)

Houmbäidsch	Homepage
Iibäiber	Epaper
Imblandade	Implantate
Kabodd	Carport
Ladde Maggiado	Latte Macciato
Läbdobbdisch	Laptoptisch
Mallorga	Mallorca
Monaggo	Monaco
Muldidalend	Multitalent
Muldidadschbäd	Multitouchpad
Muldidasging	Multitasking
Muldiduhl	Multitool (Mehrfach-Funktions-werkzeug)
Muldimedja	Multimedia

Schdigger/ (Blebberla)	Sticker/ Aufkleber
Schbiridualidäd	Spiritualität
Wandadu	Wandtattoo (Wohnungs- dekoration)
Wollbäiber	Wallpaper

Spinnen Sie ruhig die Liste der Wörter weiter, die im modernen, alltäglichen Sprachgebrauch kultur- und nationenübergreifend die fränkischen Sprachregeln bedienen. Sprache entwickelt sich weiter und daher wachsen auch Mundarten mit.

Was nützt schließlich der schönste aller Dialekte, wenn der Transfer in die sprachliche Gegenwart nicht stattfindet?

Viel Vergnügen beim Finden solcher Wörter. Und wie immer gilt auch hier:

"Des demmer edz aweng laud lesn, wall,
nou machds glei nu aweng mehr Schbaß!"

Übungssätze

Der Dichter Robert Gernhard bildete gerne "einen Satz mit...".
Ein Beispiel sei hier zu zitieren erlaubt:

"Bilden Sie einen Satz mit "Garant":
"Der Hase trug nen Kopfverband, nachdem er an die Wand "garant".

Dieser sprachlichen Methodik bedienen wir uns auch in den folgenden Übungssätzen.
Viel Vergnügen beim "Sätze bilden".
Und raten Sie ruhig die Bedeutungen. Das erhöht den Unterhaltungsfaktor.

Satz mit "Hallallaa":
"Däi Hallalaa hodd scho iiwer dausend Euro kosd!"
"Die Hallenmiete allein hat schon über tausend Euro gekostet."

Satz mit "halmi hie":
"Wenni schdolber hauds mi immer halmi hie."
"Wenn ich stolpere, gerate ich leicht ins strauchen (falle ich halb hin)."

Satz mit "Blebberla" und "Dellerla":
"Dou hald amol des Blebberla vo den Dellerla roo."
"Nun entferne doch endlich mal das Aufkleberlein von dem Tellerchen."

Satz mit "Gemmeraweng":
"Gemmeraweng niiber odder bleimeraweng dou?"
"Gehen wir ein wenig hinüber oder bleiben wir (noch) ein wenig hier?"

Satz mit "Schbiridualidäd":
"Dou in der Kerng is des a nemmer weid her mi dera Schbiridualidäd."
"In der Kirche spielt die Spiritualität immer mehr eine untergeordnete Rolle."

Satz mit "Bollidigger":
"Däi blaidn Bollidigger machen eh wos wolln.
Des konni aa."
"Diese Politiker machen sowieso, was sie wollen. Das kann ich auch."

Satz mit "haidasuu":
"Des mousd agzebdiern. Des is haidasuu."
"Das muss man akzeptieren. Das ist heutzutage so."

Satz mit "Kombadibilidäd":
"Der Kombjuder und der Drugger hom a Kombadibilidädsbroblem."
"Ohne den richtigen Treiber wird der Drucker an diesem PC nicht funktionieren."

Satz mit "mäimeraweng":
„Des Audo is hie! Dou mäimeraweng ooschäim."
"Das Auto hat eine Panne, da werden wir wohl schieben müssen."

Satz mit "Gidderbaleddn":
"Des Medall schmeisd dou hindn in däi Gidderbaleddn nei, des demmer riseigln."
"Das Metall kommt dort hinten in die Gitterpalette hinein. Das wird recyceled."

Satz mit "ham ham":
"Iich hädd nedd dengd, dass mer nu su waid ham ham."
"Ich hätte nicht gedacht, dass wir es noch so weit heim haben.

Satz mit "Boljagrülbulli":
"Iich mecherd nix aus Baumwoll, ich mecherd an Boljagrülbulli!"
"Ich möchte nichts aus Baumwolle, ich ziehe einen Polyacrylpulli vor."

Satz mit "Waggerla":
"Dousd fei schäi Obachd gehm, Waggerla!"
"Tust Du fein aufpassen, kleines Kind."

Satz mit "babb":
"Iich bin asuu sadd, ich ko nimmeramol babb soong."
"Du kannst sowieso nicht "papp" sagen Du bist Franke!"

Satz mit "Dubberbaddi":
"Edz mousd abber dou aramol a Dubberbaddi ausrichdn."
"Jetzt musst Du aber auch mal eine Tupperparty ausrichten."

Satz mit "Blebberla":
"Wall mir Edigedd nedd ausschbrechn kenner, soong mir hald Blebberla!"
"Weil wir Etikett nicht so gut aussprechen können, verwenden wir lieber "Blebberla".

Satz mit "Dendallabor:"
"A Dendallaborandin rennd gecher däi Dendallabordür. Fazid: dodale Delln in der Dendallabordür und bei der Dendallaborrandin aa."
„Eine Dentallaborantin rennt gegen die Dentallabortür. Ergebnis: totale Delle in der Dentallabortür und in der Dentallaborantin auch."

Satz mit „Facebook":
„Mir doud immer es Graiz asuu wäh, wennimi bis zu meine Fais bugg."
„Mir schmerzt jedes Mal der Rücken, wenn ich mich bis zu meinen Füßen bücke."

So, genug geübt!

Wenn Sie die folgenden Nachworte verstehen, haben Sie ihre Feuertaufe bestanden.

Trotz Ihres, vermutlich, wegen der Lektüre dieses Buches, mittlerweile akzentfreien Fränkischs kann Ihnen an dieser Stelle keine spontane Einbürgerung versprochen werden.

Die Wahrscheinlichkeit, dass Sie noch eine ganze Weile als *"Neigschmeggder"* gelten, ist groß, ob der fränkischen Grundskepsis – *"Dou gibds kann Baggers driiber"* ("Da beißt die Maus keinen Faden ab").

Trotzdem gibt's an dieser Stelle ein sprachliches Bravissimo fürs Lesen und Lernen bis hierher!

Weiter so, Sie sind definitiv ein Held des interkulturellen Austausches!

Bei Unsicherheiten bewegen Sie sich innerhalb Frankens bitte nur auf abgesteckten touristischen Pfaden oder in Begleitung ortskundiger, einheimischer Scouts.

Nachwort Auflage I:

Zum Schluss mecherdi mi no rechd hezzlich bedangn bei main Herzbläddla, der Gaby, walls mi immer so arch goud underschdüdzn doud und bei alle Midwirgenden, däi wo mid Zidade, goude Dibbs und Schbrichwördla waidergholfn hom.
Ansonsdn nummol vill Schbass bain lesen, aweng a Schbäßla hobbi ja a ghabd beim Zammschreim.
Und wennsd edz des alles nunni gschnalld hosd, mousders hald nummol vo vorn lesn.

Ted Hertle (2009)

Nachwort Auflage II

Edz amol ehrlich!
Hodds der araweng gfalln, däi zwaide Auflach?
Des hoffi fei scho. Sin ja numol dreissg Seidn mehr.
Und des nimmd ka End mid den frängischn Gwerch.
Zur Zeid binni scho widder am weidersammln, wall, wennsd dou amol oofängsd wersd nemmer ferddich.
Des Frängische is hald gscheid villseidich.
Hoffndli hammers edz langsam gschnalld, wall des zwaide Nachwodd is edzderdla aa rum.
Mir seng si in der nexdn Aufloch, gell?

Ted Hertle (Oktober 2010)

Nachwort Auflage III

Fei wergli, edz is obber aramol gnouch!
A dridds Mol des ganze Kaschberla, alzo na, numol machi des Deooder ned miid. Dou mäisder scho aweng a Verschdändnis hoom, iich hobb a nu aweng was andersch zum dou. Na, ich mooch nemmer!
Und walli nemmer mooch is des edzerdla aa es ledzde Schlusswodd woui schreib.
Immer schäi weideriihm nou werd des scho nu wo mid den Frängisch.
Und ich soogs a numol: douds eich laud vuurlesn,
gechnseidich, no hobbder a nu an saubern Schbass derbei!

Wergli woahr!
Wennis der sooch!
Glabsders nedd?
Mir aa woschd, edz!

Servusla!

Ted Hertle (August 2014)